BESTSELLER

Stephen W. Hawking (Oxford, 1942) es uno de los científicos más prestigiosos de la actualidad. Tras licenciarse en física en Oxford, se doctoró en cosmología en Cambridge, donde ocupa desde 1979 la Cátedra Lucasiana de Matemáticas. La investigación de Hawking se ha centrado en las leyes fundamentales que rigen el universo. En un trabajo pionero, Hawking y Roger Penrose demostraron que las ecuaciones de la relatividad general implican la existencia de singularidades en el espacio-tiempo. Más tarde, Hawking desarrolló la teoría de los agujeros negros y demostró que estos pueden emitir radiación, en un trabajo memorable en el que combinaba la relatividad general con la teoría cuántica, el otro gran descubrimiento de la primera mitad del siglo xx. Por sus investigaciones, Hawking ha recibido infinidad de premios y distinciones, y hasta doce doctorados *honoris causa*. Además de su obra académica, ha escrito varias obras de divulgación que han sido grandes éxitos de ventas, como *El universo en una cáscara de nuez*, *Historia del tiempo*, y, junto con Roger Penrose, *La naturaleza del espacio y el tiempo*.

Lucy Hawking es coautora junto a su padre de las novelas *La clave secreta del Universo* y *El tesoro cósmico*. Vive en Cambridge con su hijo.

Biblioteca
LUCY Y STEPHEN HAWKING
CON CHRISTOPHE GALFARD

El tesoro cósmico

Traducción
Sílvia Pons Pradilla

DEBOLS!LLO

El tesoro cósmico

Título original: *George's Cosmic Treasure Hunt*

Primera edición en Debolsillo en España: septiembre, 2012
Primera edición en Debolsillo en México: noviembre, 2017
Primera reimpresión: marzo, 2018

D. R. © 2009, Lucy Hawkings

D. R. © 2009, Penguin Random House Grupo Editorial, S. A. U.
Travessera de Gràcia, 47-49, 08021, Barcelona

D. R. © 2018, derechos de edición mundiales en lengua castellana:
Penguin Random House Grupo Editorial, S. A. de C. V.
Blvd. Miguel de Cervantes Saavedra núm. 301, 1er piso,
colonia Granada, delegación Miguel Hidalgo, C. P. 11520,
Ciudad de México

www.megustaleer.mx

D. R. © 2009, Sílvia Pons Pradilla, por la traducción
D. R. © 2009, Random House Children's Books, por las ilustraciones y los diagramas

Penguin Random House Grupo Editorial apoya la protección del *copyright*.
El *copyright* estimula la creatividad, defiende la diversidad en el ámbito de las ideas y el conocimiento,
promueve la libre expresión y favorece una cultura viva. Gracias por comprar una edición autorizada
de este libro y por respetar las leyes del Derecho de Autor y *copyright*. Al hacerlo está respaldando a los autores
y permitiendo que PRHGE continúe publicando libros para todos los lectores.

Queda prohibido bajo las sanciones establecidas por las leyes escanear, reproducir total o parcialmente esta
obra por cualquier medio o procedimiento así como la distribución de ejemplares
mediante alquiler o préstamo público sin previa autorización.
Si necesita fotocopiar o escanear algún fragmento de esta obra diríjase a CemPro
(Centro Mexicano de Protección y Fomento de los Derechos de Autor, https://www.cempro.com.mx).

ISBN: 978-607-315-923-4

Impreso en México – *Printed in Mexico*

El papel utilizado para la impresión de este libro ha sido fabricado a partir de madera procedente
de bosques y plantaciones gestionadas con los más altos estándares ambientales, garantizando
una explotación de los recursos sostenible con el medio ambiente y beneficiosa para las personas.

Penguin
Random House
Grupo Editorial

¡LAS ÚLTIMAS TEORÍAS CIENTÍFICAS!

Esta historia incluye una serie de fabulosos ensayos científicos para que los lectores comprendan mejor el fascinante contenido de algunas de las teorías más recientes. Sus autores son los siguientes científicos eminentes:

¿Por qué viajamos al espacio? — página 34
por el profesor Stephen Hawking (que escribe como «Eric»), titular de la Cátedra Lucasiana de Matemáticas, Universidad de Cambridge, Reino Unido

Cómo viajar por el Universo — página 48
por el profesor Bernard Carr, profesor de Matemáticas y Astronomía, Escuela de Ciencias Matemáticas, Queen Mary, Universidad de Londres, Reino Unido

En contacto con extraterrestres — página 79
por el doctor Seth Shostak, del SETI (Instituto de búsqueda de inteligencia extraterrestre)

¿La vida llegó de Marte? — página 125
por el doctor Brandon Carter, Laboratorio del Universo y de sus Teorías, Observatorio de París-Meudon, Francia

¿Hay alguien ahí fuera? — página 150
por lord Martin Rees, presidente de la Royal Society, Trinity College, Universidad de Cambridge, Reino Unido

Cómo encontrar un planeta en el espacio — página 171
por el profesor Geoff Marcy, profesor de Astronomía, Universidad de Berkeley, California, Estados Unidos; ganador del Premio Shaw de Astronomía

La zona Goldilocks — página 184
por el profesor Geoff Marcy

Cómo entender el Universo — página 219
por el profesor Stephen Hawking (que escribe como «Eric»)

Prólogo

—menos siete minutos y treinta segundos —dijo una voz robótica—. Brazo de acceso al orbitador retraído.

George tragó saliva y ajustó el trasero en el asiento del comandante del transbordador. Por fin había llegado el momento. Ya no podía bajar de la nave. Faltaban pocos minutos —que pasaban muchísimo más rápido que los interminables de la última clase en la escuela— para que dejara atrás el planeta Tierra y saliera disparado hacia el cosmos.

Ahora que ya habían retraído el brazo de acceso al orbitador, que hacía de puente entre su nave y el mundo exterior, George sabía que había perdido su última oportunidad de echarse atrás.

Aquella era una de las últimas etapas antes del despegue. Significaba que las escotillas de conexión se estaban cerrando. Y no solo eso: se estaban sellando. Ahora, aunque golpeara las escotillas y rogara que lo dejaran salir, ya no habría nadie al otro lado que pudiera oírlo. Los astronautas estaban a solas con su poderosa nave, a tan solo unos minutos del despegue. No había nada que hacer, salvo esperar que la cuenta atrás llegara a cero.

—H menos seis minutos y quince segundos. Ejecuten UPA.
—Las UPA (Unidades de Potencia Auxiliar) ayudaban a dirigir el transbordador durante el lanzamiento y el aterrizaje. Funcionaban con tres células de combustible que llevaban ya horas en marcha, pero aquella orden hizo que el transbordador comenzara a zumbar como si cobrara vida, como si la nave supiera que su momento de gloria estaba próximo.

—H menos cinco minutos —dijo la voz—. Prepárense para encender las UPA.

George notó mariposas en el estómago. Lo que más deseaba en el mundo era viajar de nuevo al espacio. Y ahora estaba allí, a bordo de una nave de verdad, con astronautas, esperando en la plataforma de lanzamiento, listo para el despegue. Era emocionante y aterrador al mismo tiempo. ¿Qué pasaría si hacía algo mal? Ocupaba el asiento del comandante, lo que significaba que era el encargado de tripular el transbordador. Junto a él se sentaba su piloto, que hacía las funciones de ayudante del comandante.

—Así que todos vosotros sois astronautas en una especie de viaje espacial, ¿verdad? —murmuró para sí con una vocecita ridícula.

—¿Cómo dice, comandante? —oyó George a través de los auriculares.

—Oh, hum, esto... —respondió George, que había olvidado que los controladores de lanzamiento oían todo lo que decía—. Tan solo me preguntaba qué nos dirán los extraterrestres, si es que encontramos alguno.

Los controladores de lanzamiento se rieron.

—No se olvide de saludarlos de nuestra parte.

—H menos tres minutos y tres segundos. Motores en posición de encendido.

«Run, run», pensó George. Los tres motores y los dos cohetes propulsores sólidos proporcionarían velocidad durante los primeros segundos del despegue, cuando el transbordador se estaría desplazando a más de ciento sesenta kilómetros por hora, antes incluso de abandonar la torre de lanzamiento. ¡Solo tardaría ocho minutos y medio en alcanzar una velocidad de unos veintiocho mil kilómetros por hora!

—H menos dos minutos. Cierren visores.

Los dedos de George se impacientaron por levantar alguno de los cientos de interruptores que había frente a él, solo para comprobar qué sucedería, pero no se atrevieron. Delante tenía la palanca de mando que él, el comandante, utilizaría para dirigir el transbordador una vez hubieran alcanzado el espacio y para acoplarse más tarde a la EEI (Estación Espacial Internacional). Era como estar al mando del volante de un coche, solo que la palanca de mando se movía en todas las direcciones en lugar de tan solo a derecha e izquierda. También se podía empujar hacia delante o hacia atrás. George apoyó un dedo en lo alto de la palanca, tan solo para comprobar qué se sentía. Uno de los gráficos electrónicos que tenía delante comenzó a parpadear levemente mientras lo hacía. Entonces retiró la mano a toda velocidad y fingió no haber tocado nada.

—H menos cincuenta y cinco segundos. Liberen los cohetes propulsores sólidos.

Los dos cohetes propulsores sólidos eran los encargados de hacer despegar el transbordador de la plataforma de lanzamiento y de elevarlo a unos trescientos setenta kilómetros por encima de la Tierra. No tenían botón de apagado. Una vez encendidos, el transbordador iniciaba el ascenso.

«Adiós, Tierra —pensó George—. Volveré pronto.» Sintió una punzada de tristeza por abandonar su hermoso planeta, por dejar allí a su familia y a sus amigos. Un poco más tarde se encontraría ya orbitando por encima de sus cabezas, cuando el transbordador se acoplara a la Estación Espacial Internacional. Miraría hacia abajo y vería la Tierra, mientras la EEI seguiría zumbando en lo alto, completando una órbita cada noventa minutos. Desde el espacio, George podría ver la silueta de continentes, océanos, desiertos, bosques y lagos, y las luces de las grandes ciudades por la noche. Cuando miraran al cielo desde la Tierra, su madre, su padre y sus amigos, Eric, Annie y Susan, lo verían convertido en un punto diminuto y brillante que cruzaba el cielo a toda velocidad en una noche clara.

—H menos treinta y un segundos. Secuenciador de tierra del lanzamiento listo para autosecuencia de inicio.

Los astronautas se revolvieron un poco en sus asientos, acomodándose para el largo viaje. En el interior de la cabina el espacio era sorprendentemente pequeño y tenían que apretujarse. El simple hecho de ponerse en posición de despegue había requerido varios estrujones, y George había necesitado la ayuda de un ingeniero espacial para encaramarse a su asiento. El transbordador espacial estaba erguido, en posición de despegue, de modo que todo lo que había en la cabina parecía puesto del revés. El asiento estaba inclinado hacia atrás para que los pies de George apuntaran a la nariz del transbordador y su espalda quedara paralela al suelo, por debajo de su cuerpo.

El transbordador estaba en modo «cohete», esperando para abrirse paso en vertical a través del cielo, las nubes y la atmósfera, hasta llegar al cosmos.

—H menos dieciséis segundos —dijo con mucha calma la voz robótica—. Activación del sistema de agua para supresión del sonido. H menos quince segundos.

—Despegue en menos de quince segundos, comandante George —dijo el piloto, sentado a su lado—. El transbordador espacial despegará dentro de quince segundos y contando.

—¡Yuju! —gritó George—. «¡Ostras!», pensó.

—Yuju para usted también, comandante —respondieron los controladores de lanzamiento—. Que tenga un buen viaje.

Tembló de entusiasmo. Tomó aire, consciente de que cada vez estaba más cerca del momento mismo del despegue.

—H menos diez segundos. Sistema de eliminación de hidrógeno e ignición. Secuenciador de tierra del lanzamiento listo para el encendido de los motores principales.

¡Había llegado el momento! ¡Estaba sucediendo!

George miró por la ventanilla y vio una franja de hierba verde y, sobre ella, un cielo azul lleno de pájaros que no dejaban de revolotear. Con la espalda apoyada en su asiento de astronauta, trató de mantener la calma y controlar la situación.

—H menos seis segundos —anunció la voz—. Encendido del motor principal.

George notó una violenta sacudida en el momento en que se pusieron en marcha los motores, si bien el transbordador aún no se movía. A través de los auriculares, oyó de nuevo a los controladores de lanzamiento.

—Listos para el despegue a H menos cinco segundos y contando. Cinco, cuatro, tres, dos, uno. Despegue.

—Sí —dijo George con mucha calma, aunque por dentro estuviera gritando—. Listos para el despegue.

—H menos cero. Ignición de los cohetes propulsores sólidos.

La sacudida fue en aumento. Por debajo de George y de los otros dos astronautas, los dos cohetes propulsores se encendieron. Era como recibir fuertes patadas en la espalda. Con un rugido terrible, los cohetes atravesaron el silencio, propulsando el transbordador espacial desde la plataforma de lanzamiento y alzándolo hasta el cielo. George se sintió como si hubiera salido disparado de la Tierra atado a un montón de fuegos artificiales. Ahora podía suceder cualquier cosa: podía explotar, podía desviarse de su rumbo e impactar contra la Tierra o cruzar los cielos y comenzar a dar vueltas sin control. Y no había nada que él pudiera hacer para evitarlo.

A través de la ventanilla, vio el azul de la atmósfera terrestre que envolvía la nave, pero ya no veía la Tierra... ¡Se estaba alejando de su planeta! Pocos segundos después del despegue el transbordador realizó un giro que dejó a los astronautas del revés, ¡debajo del enorme depósito de combustible naranja!

—¡Aaaaaaaaah! —gritó George—. ¡Estamos cabeza abajo! ¡Nos dirigimos al espacio en posición incorrecta! ¡Ayuda! ¡Ayuda!

—No pasa nada, comandante —dijo el piloto—. Siempre lo hacemos así.

Dos minutos después del lanzamiento, George sintió un espantoso temblor que sacudió la nave de arriba abajo.

—¡¿Qué ha sido eso?! —chilló.

Por la ventanilla, vio primero un cohete y después el segundo, que se soltaban y se alejaban de la nave trazando un amplio arco.

Cuando los cohetes propulsores desaparecieron se instaló de repente la calma; una calma tan completa que en el orbitador estaban casi en silencio. Y George ya no se sentía oprimido en su asiento. ¡Era ingrávido!

Miró por la ventanilla y quiso romper el silencio con un poco de alegría. El transbordador volvió a girar de modo que el orbitador quedó de nuevo sobre el depósito de combustible, y no por debajo de él. Tras ocho minutos y treinta segundos en el aire —George tenía la sensación de que podían haber pasado siglos enteros y él no se habría dado cuenta—, los tres motores principales se apagaron y el depósito de combustible exterior se soltó.

—¡Ahí está! —gritó su piloto.

Y a través de la ventanilla George vio el enorme depósito de combustible naranja desaparecer de su vista para desintegrarse en la atmósfera.

Cruzaron la línea que separaba el azul del cielo terrestre de la oscuridad del espacio exterior. A su alrededor brillaban estrellas distantes. Seguían ascendiendo, pero ya no les quedaba demasiado para alcanzar su altura máxima.

—Todos los sistemas funcionan bien —dijo el piloto, comprobando las luces parpadeantes de los paneles—. Nos dirigimos a nuestra órbita. Comandante, ¿nos pondrá usted en órbita?

—Sí —respondió George con confianza, dirigiéndose a los controladores de la misión de Texas—. Houston —pronunció la palabra más famosa de la historia de los viajes espaciales—, nos dirigimos a órbita. ¿Me recibís, Houston? *Atlantis* al habla. Nos dirigimos a órbita.

En la oscuridad exterior, las estrellas se veían de repente muy brillantes y cercanas. Una de ellas parecía aproximarse a toda prisa hacia él, iluminando su rostro con una luz resplandeciente, tan intensa y tan cercana que...

George se despertó sobresaltado y se descubrió en una cama extraña, frente a alguien que le iluminaba a la cara con una linterna.

—¡George! —dijo la silueta entre dientes—. ¡George! ¡Levántate! ¡Es una emergencia!

Capítulo uno

No había sido fácil decidir qué ponerse. «Ven disfrazado de tu objeto espacial preferido», le había dicho Eric Bellis, el científico que vivía en la casa de al lado y había invitado a George a su fiesta de disfraces. El problema era que George tenía tantos objetos espaciales preferidos que no sabía cuál elegir.

¿Debería vestirse de Saturno, con los anillos y todo?

¿O tal vez debería disfrazarse de Plutón, el pobre planeta pequeñito que ya no era un planeta?

¿O de la fuerza más oscura y poderosa del Universo, de agujero negro? No le dedicó demasiado tiempo ni interés a aquella ocurrencia: por muy enormes, fascinantes y asombrosos que fueran, los agujeros negros no estaban entre sus objetos espaciales favoritos. Sería bastante complicado encariñarse con algo tan glotón que se tragaba todo aquello —incluida la luz— que se le acercaba demasiado.

Al final, no hizo falta que George eligiera. Estaba mirando imágenes del Sistema Solar en internet con su padre cuando se encontraron con una fotografía que había enviado un vehículo robotizado de Marte, uno de los robots que exploran la superficie del planeta. Mostraba lo que parecía una persona de pie sobre el planeta rojo. Nada más ver la foto, George supo que quería ir a la fiesta de Eric disfrazado de «el hombre de Marte». Incluso el padre de George, Terence, se entusiasmó al verlo. Por supuesto, ambos sabían que el de la fotografía no era en realidad un marciano, sino una ilusión causada por efecto de la luz, que hacía que un afloramiento rocoso pareciera una persona. Sin embargo, era emocionante imaginar que, en realidad, tal vez no estemos solos en este inmenso Universo.

—Papá, ¿tú crees que hay alguien allí fuera? —preguntó George mientras observaban la fotografía—. ¿Algo así como marcianos o seres de algún tipo en galaxias lejanas? Y si existen, ¿crees que algún día vendrán a visitarnos?

—Si existen —respondió su padre—, supongo que nos estarán observando y se preguntarán qué clase de gente somos para destrozar este planeta hermoso y maravilloso. Deben de pensar que somos muy estúpidos —añadió, y meneó la cabeza con gesto triste.

Los padres de George eran ecologistas militantes decididos a salvar la Tierra. Hasta ese momento y como parte de su campaña, cualquier clase de aparato eléctrico, como teléfonos u ordenadores, tenía prohibida la entrada en su casa. Sin embargo, cuando George ganó el primer premio en el concurso de ciencias de la escuela —un ordenador—, sus padres no se atrevieron a decirle que no podía quedárselo.

De hecho, desde que tenían el ordenador, George les había enseñado a utilizarlo e incluso les había ayudado a crear un anuncio virtual muy elegante en el que aparecía una enorme fotografía de Venus. «¿QUIÉN QUERRÍA VIVIR AQUÍ? —se leía en letras grandes—. Nubes de ácido sulfúrico, temperaturas de hasta 470 °C... Los mares se han secado por completo y la atmósfera es tan densa que la luz solar no puede atravesarla. Esto es Venus, pero, si no tenemos cuidado, así podría ser también la Tierra. ¿Quién querría vivir en un planeta como este?» George se sentía muy orgulloso del cartel, que sus padres y sus amigos habían enviado por correo electrónico por todo el mundo a fin de dar a conocer su causa.

Teniendo en cuenta todo lo que sabía acerca de Venus, George estaba bastante seguro de que no había vida en aquel planeta caliente y apestoso. Así pues, ni siquiera se le pasó por la cabeza presentarse en la fiesta de Eric disfrazado de venusiano. En vez de eso, pidió a su madre, Daisy, que lo ayudara a hacerse un traje abultado de color naranja oscuro y un sombrero alto y puntiagudo para tener el mismo aspecto que el marciano de la foto.

Una vez disfrazado, George dijo adiós a sus padres —que tenían una noche muy ocupada, pues habían quedado con unos amigos ecologistas para ayudarles a preparar unos aperitivos orgánicos para su fiesta— y se coló por el agujero de la valla que separaba su jardín del de Eric. El agujero se había formado cuando la mascota de George, un cerdo llamado Freddy que le había regalado su abuela, se había escapado de su pocilga, se había abierto paso a través de la valla y había irrumpido en casa de Eric por la puerta trasera. Después de seguir el rastro de pezuñas dejado por Freddy, George había conocido a sus nuevos vecinos, que acababan de mudarse a la casa de al lado. Aquel encuentro fortuito con Eric y su familia había cambiado la vida de George para siempre.

Eric le había enseñado su asombroso ordenador, Cosmos, tan inteligente y potente que era capaz de dibujar puertas a

VENUS

> Venus es el segundo planeta más cercano al Sol y el sexto más grande del Sistema Solar.

Venus es el objeto más brillante del cielo después de la Luna y el Sol. Llamado así por la diosa romana de la belleza, Venus se conoce desde tiempos prehistóricos. Los astrónomos griegos antiguos creían que eran dos estrellas, una que brillaba por la mañana, Fósforo, la portadora de luz, y otra que lo hacía al atardecer, Héspero, hasta que Pitágoras, un filósofo y matemático griego, se dio cuenta de que eran el mismo objeto.

> A Venus lo llaman a menudo «el gemelo de la Tierra». Tiene aproximadamente el mismo tamaño, masa y composición que nuestro planeta.

Sin embargo, Venus es muy distinto de la Tierra.

Tiene una atmósfera muy densa y tóxica, compuesta principalmente de dióxido de carbono y nubes de ácido sulfúrico. Estas nubes son tan gruesas que atrapan el calor, convirtiendo a Venus en el planeta más caliente del Sistema Solar, con temperaturas de superficie que pueden llegar a los 470 °C: hace tanto calor que allí se derretiría el plomo. La presión de la atmósfera es noventa veces mayor que la de la Tierra. Esto significa que si pisaras la superficie de Venus sentirías la misma presión que en el fondo de un océano muy profundo de la Tierra.

Estas gruesas nubes giratorias de Venus no solo atrapan el calor, también reflejan la luz del Sol, razón por la que el planeta brilla con tanta intensidad en el cielo nocturno. Es posible que en el pasado Venus tuviera océanos, pero el agua se evaporó a causa del efecto invernadero y se escapó del planeta.

> Se cree que Venus es el lugar del Sistema Solar donde hay menos probabilidades de que se desarrolle vida.

Algunos científicos creen que el efecto invernadero de Venus es similar a las condiciones que pueden llegar a darse en la Tierra si no se frena el calentamiento global.

Desde la *Mariner 2* en 1962, Venus ha recibido la visita de sondas espaciales en más de veinte ocasiones. La primera sonda en aterrizar en otro planeta fue la soviética *Venera 7*, que aterrizó en Venus en 1970; la *Venera 9* envió fotografías de la superficie, aunque no tuvo mucho tiempo para ello: ¡la sonda espacial se derritió después de tan solo 60 minutos en aquel planeta hostil! Tiempo más tarde, el orbitador estadounidense *Magallanes* utilizó un radar para mandar imágenes de detalles de la superficie de Venus que antes habían permanecido ocultos bajo las gruesas nubes de su atmósfera.

¡Venus gira en dirección contraria a la Tierra! Si se pudiera ver el Sol a través de las densas nubes, observaríamos que sale por el oeste y se pone por el este. Esto se llama «movimiento retrógrado», y la dirección en la que gira la Tierra se llama «movimiento progrado».

¡En Venus, tarda más en pasar un día que un año! Como Venus gira tan lentamente, da una vuelta completa al Sol en menos tiempo que en rotar una vez sobre su eje.

Un año en Venus = 224,7 días en la Tierra

Un día en Venus = 243 días en la Tierra

Unas dos veces cada siglo, Venus pasa entre la Tierra y el Sol, se le llama el «tránsito de Venus». Estos tránsitos siempre son de dos en dos, y en intervalos de ocho años. Desde la invención del telescopio, se han observado tránsitos en 1631 y 1639, en 1761 y 1769, y en 1874 y 1882. El 8 de junio de 2004 los astrónomos vieron el diminuto punto de Venus frente al Sol. El segundo desplazamiento del siglo XXI tendrá lugar el 6 de junio de 2012.

Venus gira alrededor de su eje una vez cada 243 días terrestres.

través de las cuales Eric, su hija Annie y George podían visitar cualquier lugar del Universo conocido.

Pero el espacio puede ser muy peligroso, como George descubrió cuando una de aquellas aventuras espaciales terminó con el estallido de Cosmos por el esfuerzo que había hecho para preparar la misión de rescate.

Desde aquel día, Cosmos había dejado de funcionar, de modo que George no había tenido otra oportunidad de cruzar la puerta y viajar por el Sistema Solar y más allá. Echaba de menos a Cosmos, pero al menos tenía a Eric y a Annie, a quienes podía ver siempre que quisiera, aunque no pudiera embarcarse con ellos en aventuras espaciales.

George cruzó corriendo el jardín de Eric hasta llegar a la puerta trasera de la casa, que estaba muy iluminada, y desde fuera se oía música y cháchara. George abrió la puerta y entró en la cocina.

No vio a Annie, ni a Eric, ni a la madre de Annie, Susan, pero había mucha gente circulando por allí; entonces un adulto le acercó a la nariz una bandeja de magdalenas glaseadas.

—¡Prueba un meteorito! —dijo alegremente—. O tal vez debería decir: ¡prueba un meteoroide!

—Oh. Mmm... gracias —respondió George, un poco sorprendido—. Tienen un aspecto delicioso —añadió, y cogió una.

—Si hiciera esto —prosiguió el hombre, dejando caer algunas magdalenas al suelo—, entonces podría decir: ¡prueba un meteorito!, porque habrían chocado contra el suelo. Pero cuando te los he ofrecido, suspendidos en el aire, técnicamente eran aún meteoroides. —Sonrió a George y después a las magdalenas, que seguían amontonadas a sus pies—. ¿Ves la diferencia? Un meteoroide es un pedazo de roca que vuela por el aire; un meteorito es como se llama ese pedazo de roca si llega a impactar contra la Tierra. Y como ahora las he dejado caer al suelo, podemos llamarlas meteoritos.

Con la magdalena en la mano, George sonrió con educación, asintió y comenzó a retroceder muy despacio.

—¡Ay! —George oyó un chillido en el momento en que pisaba a alguien que tenía detrás.

—¡Uy! —exclamó, y se volvió.

—No pasa nada, ¡soy yo! —Era Annie, vestida toda de negro—. No me has visto porque ¡soy invisible! —Le quitó la magdalena de la mano y se la metió en la boca—. Solo puedes saber que estoy aquí por el efecto que tengo sobre los objetos que me rodean. ¿Qué soy?

—¡Un agujero negro, por supuesto! —dijo George—. Te tragas todo lo que se acerca a ti, porque eres una glotona.

—Pues no —respondió Annie con tono triunfal—. Sabía que dirías eso, pero estás equivocado. Soy... —Annie parecía muy satisfecha consigo misma— materia oscura.

—¿Y eso qué es? —preguntó George.

—Nadie lo sabe —dijo Annie con tono misterioso—. No la vemos, pero al parecer es absolutamente esencial para evitar que las galaxias se dispersen. Y tú, ¿de qué vas disfrazado?

—Hum, veamos —dijo George—. Soy el hombre de Marte, ya sabes, el de las fotografías.

—¡Ah, sí! —exclamó Annie—. Puedes ser mi antepasado marciano. Mola.

A su alrededor, la fiesta bullía. Grupos de los adultos más extravagantes seguían comiendo, bebiendo y hablando en voz muy alta. Un hombre se había presentado disfrazado de horno microondas, otro iba vestido de cohete. Había una mujer que llevaba un broche en forma de estrella en plena explosión y un hombre con un pequeño plato, como si fuera un satélite, en la cabeza. Un científico disfrazado con un traje verde chillón daba saltos por la habitación y ordenaba a la gente: «Llevadme ante vuestro líder»; otro inflaba un enorme globo en el que se leía: «EL UNIVERSO SE EXPANDE». Un hombre vestido de rojo se acercaba a la gente y a continuación se apartaba y les retaba a adivinar de qué iba disfrazado. A su lado había un científico que llevaba muchos aros de diferente tamaño alrededor de la cintura, cada uno de ellos con una bola de tamaño distinto. Al andar, los aros giraban a su alrededor.

—Annie —dijo George con impaciencia—, no entiendo ninguno de estos disfraces. ¿De qué van vestidos?

—Bueno, verás, van vestidos de cosas que encuentras en el espacio, si sabes buscarlas —respondió Annie.

—¿Como qué? —preguntó George.

—Como ese hombre vestido de rojo —explicó Annie—. Se aleja de la gente, lo que significa que intenta ser un corrimiento hacia el rojo.

—¿Un qué?

—Si un objeto distante del Universo, como por ejemplo una galaxia, se aparta de ti, su luz se verá más roja que antes. Él va de rojo y se aparta de la gente para mostrarles que va disfrazado de corrimiento hacia el rojo. Y los otros van vestidos de toda clase de cosas que puedes encontrarte ahí fuera, como microondas y planetas lejanos.

Annie dijo aquello con total naturalidad, como si fuera normal conocer esa clase de información y dejarla caer en mitad de una fiesta. De nuevo, George se sintió un poco celoso de ella. Él adoraba la ciencia y siempre estaba leyendo libros, buscando artículos en internet y atosigando con preguntas al padre de Annie, Eric, que era científico. De mayor quería ser científico para aprenderlo todo y tal vez un día hacer su propio descubrimiento sorprendente. Annie, en cambio, se tomaba las maravillas del Universo con mucha más tranquilidad.

Cuando George la conoció, Annie quería ser bailarina, pero ahora había cambiado de opinión y había decidido ser futbolista. Al salir de la escuela, en lugar de ponerse un tutú blanco y rosa, se pasaba la tarde persiguiendo y golpeando un balón y lanzándolo hacia George, que siempre hacía de portero. Y, aun así, daba la impresión de que ella sabía muchas más cosas sobre ciencia que él.

Entonces apareció el padre de Annie, Eric, vestido con ropa normal y con el mismo aspecto de siempre.

—¡Eric! —gritó George, que tenía multitud de preguntas que hacerle—, ¿de qué vas disfrazado?

—¿Quién, yo? —Eric sonrió—. Soy la única forma de vida inteligente de todo el Universo —respondió con humildad.

—¿Cómo? —preguntó George—. ¿Quieres decir que eres la única persona inteligente de todo el Universo?

Eric se rió.

—No digas eso en voz muy alta por aquí —respondió, señalando a los otros científicos—, o la gente se enfadará conmigo. Quiero decir que voy de ser humano, que es la única forma de vida inteligente del Universo que conocemos. De momento.

—Oh —dijo George—. ¿Y todos tus amigos? ¿De qué van disfrazados? ¿Y por qué la luz roja significa que algo se aparta? No lo entiendo.

—Bueno —respondió Eric con amabilidad—, lo entenderías si alguien te lo explicara.

LA LUZ Y CÓMO SE DESPLAZA POR EL ESPACIO

Una de las cosas más importantes del Universo es el «campo electromagnético». Lo abarca todo; no solo mantiene los átomos unidos, sino que también hace que partes muy pequeñas de los átomos (llamadas electrones) unan átomos distintos o creen corrientes eléctricas. El mundo que vemos todos los días está hecho de un gran número de átomos unidos por el campo electromagnético. Incluso los seres vivos, como los humanos, dependen de él para existir y funcionar.

Al agitar un electrón se forman ondas en el campo electromagnético, igual que cuando mueves un dedo en la bañera y formas ondas en el agua. Estas ondas se llaman «ondas electromagnéticas» y como el campo está en todas partes, las ondas pueden desplazarse a cualquier punto del Universo, hasta ser detenidas por otros electrones que absorban su energía. Las hay de muy distinta clase, pero algunas afectan al ojo humano, y esas son las que dan lugar a los distintos colores de luz visible. Otra clase de ondas son las ondas de radio, las microondas, las infrarrojas, las ultravioleta, los rayos X y los gamma. Los electrones son agitados todo el tiempo —por átomos que también se agitan continuamente—, de manera que los objetos producen de manera constante ondas electromagnéticas. A temperatura ambiente, son principalmente infrarrojas, pero, en objetos mucho más calientes, el movimiento es más violento y se produce luz visible.

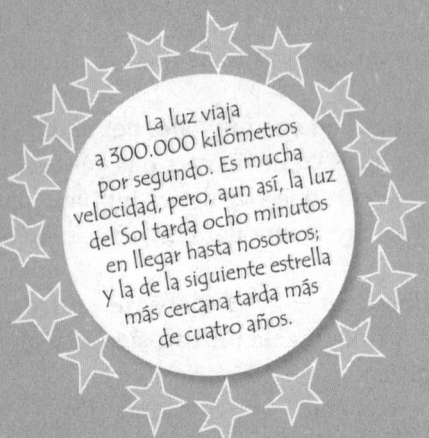

La luz viaja a 300.000 kilómetros por segundo. Es mucha velocidad, pero, aun así, la luz del Sol tarda ocho minutos en llegar hasta nosotros; y la de la siguiente estrella más cercana tarda más de cuatro años.

Los objetos muy calientes del espacio, como las estrellas, producen luz visible que puede recorrer una gran distancia antes de impactar contra algo. Cuando mires una estrella, recuerda que es posible que su luz haya estado moviéndose lentamente por el espacio durante cientos de años. Esa luz entra en contacto con tu ojo, activa los electrones de tu retina y se convierte en electricidad, que se desplaza por el nervio óptico hasta tu cerebro, y entonces este dice: «¡Veo una estrella!». Si la estrella está muy lejos puede que necesites un telescopio a fin de captar la luz suficiente para que tu ojo pueda verla; o los electrones activados podrían crear una fotografía o enviar una señal a un ordenador.

El Universo está en continua expansión, inflándose como un globo. Esto significa que las estrellas y las galaxias distantes se están alejando de la Tierra. Así, su luz se estira a medida que viaja por el espacio en dirección a nosotros, y, cuanto más viaja, más se tiene que estirar. El estiramiento hace que la luz visible se vea más roja, lo cual se conoce como «corrimiento hacia el rojo». Finalmente, si ha viajado y se ha desplazado al rojo lo suficiente, la luz deja de ser visible y primero se vuelve infrarroja y después se convierte en radiación de microondas (como la que se utiliza en los hornos microondas que hay en la Tierra). Esto es lo que ha sucedido con la luz sumamente potente del Big Bang: después de 13.000 millones de años de viaje, la podemos detectar hoy en día en forma de microondas que llegan de todas partes del espacio. Esto se conoce con el solemne nombre de «radiación cósmica del fondo de microondas», y es nada menos que la luminiscencia residual del mismísimo Big Bang.

—¿Puedes explicármelo? —rogó George—. Todo lo que hay que saber sobre el Universo. Como hiciste con los agujeros negros. ¿Puedes explicarme todo eso del rojo, y de la materia oscura, y todo lo demás?

—Oh, vaya —respondió Eric, con tono apenado—. George, me encantaría contártelo todo sobre el Universo, pero el problema es que no sé si me dará tiempo antes de... Espera un segundo... —Eric guardó silencio y miró a lo lejos, como hacía cada vez que se le ocurría una idea. Se quitó las gafas, se las limpió con la camisa y se las colocó sobre la nariz en el mismo ángulo torcido que antes—. ¡Ya lo tengo! —gritó entusiasmado—. ¡Ya sé qué debemos hacer! Espera, George, tengo un plan genial.

Dicho eso, cogió un martillo blando y golpeó un enorme gong de metal que emitió un ruido grave y resonante.

—Muy bien, juntaos todos —dijo Eric, haciendo gestos con las manos para que entraran en la habitación—. ¡Vamos, vamos, deprisa! Tengo algo que deciros.

Una oleada de entusiasmo se apoderó de los allí presentes.

—Veamos —continuó—, he reunido en esta fiesta a la Orden de la Ciencia...

—¡Hurra! —gritó alguien desde el fondo.

—... y quiero que nos planteemos algunas preguntas que me ha hecho mi amigo George. ¡Quiere saber toda clase de cosas! Para empezar, estoy seguro de que se pregunta de qué vas disfrazado —dijo, y señaló al hombre que llevaba los aros.

—He venido disfrazado —comenzó aquel científico de expresión alegre— de sistema planetario distante donde tal vez encontremos otro planeta Tierra.

—Annie —susurró George—, ¿no es eso lo que hizo el doctor Ripe? ¿Descubrir nuevos planetas?

El doctor Ripe era un antiguo colega de Eric que había intentado utilizar la ciencia con propósitos egoístas. Le dijo a Eric que había descubierto un exoplaneta —es decir, un planeta que orbita alrededor de una estrella que no es el Sol de la Tierra— donde podrían vivir los humanos. Sin embargo, las indicaciones que dio a Eric habían sido falsas; de hecho, su búsqueda del planeta lo había acercado peligrosamente a un agujero negro. El doctor Ripe había intentado librarse de Eric para poder controlar a Cosmos, el superordenador de Eric. Sin embargo, su malvado truco no había funcionado y Eric había regresado sano y salvo de su viaje por el interior de un agujero negro.

Nadie sabía dónde estaba ahora el doctor Ripe; había desaparecido después de que su plan maestro fracasara. En ese momento, George había rogado a Eric que hiciera algo al respecto, pero Eric había dejado que se marchara sin más.

—El doctor Ripe sabía cómo buscar planetas —dijo Annie—, pero no sabemos si en verdad descubrió alguno. Después de todo, aquel planeta sobre el que escribió en la carta que le mandó a papá... nunca llegamos a saber si existía o no.

—Gracias, Sam. ¿Cuántos planetas has descubierto hasta ahora? —preguntó Eric al hombre de los aros.

—Hasta el momento —respondió Sam, agitando los aros mientras hablaba—, trescientos treinta y un exoplanetas, más de cien de los cuales orbitan alrededor de estrellas bastante cercanas. Algunas de estas estrellas tienen más de un planeta que gira a su alrededor. —Señaló los aros alrededor de su cuerpo—. Soy un sistema cercano con planetas que orbitan alrededor de su estrella.

—¿Qué quiere decir con eso de «cercano»? —le susurró George a Annie, que pasó la pregunta a Eric. Su padre le dio la respuesta y ella se la transmitió a George.

—Quiere decir que están, probablemente, a unos cuarenta años luz. Más o menos a unos trescientos ochenta billones de kilómetros —dijo Annie—. ¡Cercano para el Universo!

—¿Has visto algo que pudiera ser como la Tierra? ¿Un planeta que pudiéramos habitar?

—Hemos visto unos cuantos que tal vez, y solo tal vez, podrían convertirse en una segunda Tierra. Pero seguimos buscando planetas.

—Gracias, Sam —dijo Eric—. Ahora me gustaría que, entre todos, respondiéramos a las preguntas de George. —Eric repartió lápices y papel—. Al final de la fiesta, cada uno de vosotros podría escribir una o dos páginas sobre los aspectos científicos de vuestro trabajo que os parecen más interesantes. Podéis mandármelo por carta o por correo electrónico más tarde si no os da tiempo a terminarlo ahora.

Los científicos parecían encantados. Les entusiasmaba hablar de los aspectos más interesantes de su trabajo.

—Y antes de volver a la fiesta —se apresuró a añadir Eric—, tengo algo muy breve que anunciaros, algo que tiene que ver conmigo, esta vez. Me complace y me emociona comunicaros que ¡tengo un nuevo trabajo! Voy a trabajar para la agencia Espacial Global, buscando señales de vida en nuestro Sistema Solar. ¡Y empezaré por Marte!

—¡Uau! —dijo George—. ¡Es fantástico! —Se volvió hacia Annie pero ella no lo miró.

—Así pues —prosiguió Eric—, dentro de unos días, mi familia y yo haremos las maletas... ¡y nos marcharemos a la oficina central de la agencia Espacial Global en Estados Unidos!

Al oír aquello, el universo de George implosionó.

Capítulo dos

George detestaba ver a sus vecinos empaquetar sus cosas para marcharse. Pero, quería pasar con ellos el mayor tiempo posible antes de que desaparecieran de su vida. Día tras día iba a su casa y comprobaba que el espacio era más amplio en su interior, a medida que sus pertenencias se esfumaban, primero engullidas por cajas de cartón con pegatinas de la agencia Espacial Global y después por furgonetas que llegaban una tras otra y se las llevaban.

—¡Es tan emocionante! —exclamaba continuamente Annie—. ¡Nos vamos a Estados Unidos! ¡Seremos estrellas de cine! ¡Comeremos hamburguesas gigantescas! ¡Veremos Nueva York! Haremos... —Y seguía relatando su maravillosa nueva vida y lo mucho mejor que sería todo cuando viviera en otro país. A veces George intentaba insinuar que tal vez no todo fuera tan maravilloso como ella creía, pero Annie estaba demasiado entusiasmada por su vida de ensueño en Estados Unidos como para prestarle demasiada atención.

Eric y Susan se esforzaban un poco más en disimular su entusiasmo por el gran cambio para no herir los sentimientos de George, pero tampoco ellos conseguían esconderlo del todo. Un día que la casa estaba ya casi vacía, George estaba en la biblioteca de Eric, ayudándolo a envolver sus valiosos objetos científicos en papel de periódico y a meterlos con cuidado en cajas grandes.

—Volveréis, ¿verdad? —preguntó George.

Ya habían retirado las fotografías que colgaban de las paredes y las estanterías estaban casi vacías de los libros que habían forrado la habitación. La casa comenzaba a estar tan desierta como cuando se habían mudado a ella.

—¡Depende! —respondió Eric alegre—. Puede que me apunte para la próxima misión al espacio y me quede allí para siempre. —Eric se fijó en la cara de desolación de George—. No, no lo decía en serio —añadió a toda prisa—. No podría abandonaros. Me aseguraré de regresar al planeta Tierra.

—Pero ¿volverás a vivir aquí? —insistió George—. ¿En tu casa?

—En realidad, esta no es mi casa —dijo Eric—. Me ofrecieron venir aquí para que pudiera trabajar con Cosmos sin que nadie lo descubriera. Pero, por desgracia, alguien, o más concretamente, Graham Ripe, ha estado acechándome.

—¿Cómo sabía el doctor Ripe que vendrías aquí? —preguntó George mientras envolvía un viejo telescopio.

—Ah, bueno, pensándolo bien, está claro que este es un lugar mucho más obvio de lo que me pareció en un principio —respondió Eric—. Verás, esta casa perteneció a nuestro antiguo profesor, uno de los científicos más geniales que haya habido jamás. Nadie sabe dónde está, es como si hubiera desaparecido. Pero, antes de eso, me mandó una carta en la que me ofrecía esta casa como lugar seguro en el que trabajar con Cosmos. Era muy importante mantener a Cosmos lejos del peligro, pero al final no fui capaz de hacerlo... —Eric parecía muy triste.

George dejó el telescopio y buscó algo en su mochila de la escuela. Sacó un paquete de Jammy Dodgers, lo abrió y se lo ofreció a Eric. Eric sonrió al ver sus galletas favoritas.

—Debería preparar un poco de té para tomarlo con tus galletas —dijo—. Pero creo que he empaquetado la tetera.

George trituró una galleta entre los dientes.

—Lo que no entiendo —dijo, consciente de que tal vez aquella fuera su última oportunidad de preguntarlo— es por qué no fabricas otro Cosmos.

—Si pudiera, lo haría —repuso Eric—. Pero mi profesor, Graham Ripe y yo hicimos juntos el prototipo de Cosmos, hace ya muchos años. La versión moderna de Cosmos sigue teniendo algunas de las características de aquel primer ordenador. Esa es la razón por la que no puedo fabricar otro. Sin los otros dos, no sé si sabría hacerlo. Uno de ellos ha desaparecido, y el otro, Ripe... Bueno, ya sabemos qué pasó con él. En cierto modo... —Eric lamió la mermelada del centro de la galleta— ... que Cosmos se haya estropeado nos ha cambiado a todos la vida. Ahora que no lo tengo, debo buscar otras formas de continuar con mi trabajo en el espacio. Y ya no tengo que preocuparme por que alguien pueda descubrir mi superordenador y trate de robármelo. Nos mudamos de casa muchas veces, solo para mantener a Cosmos a salvo. Pobre Annie, ha vivido en tantas casas distintas... Pero aquí es donde ha sido más feliz.

—Quién lo diría —respondió George con seriedad—. No parece triste por tener que marcharse.

—No quiere abandonarte. Eres su mejor amigo —contestó Eric—. Te echará de menos, aunque no te lo demuestre. No encontrará otro amigo como tú de la noche a la mañana.

George tragó saliva.

—Yo también la echaré de menos —murmuró, sonrojándose—. Y a ti. Y a Susan.

—Volveremos a vernos —dijo Eric con tono amable—. No nos echarás de menos para siempre. Y, si alguna vez me necesitas, solo tienes que decírmelo. Haré lo que esté en mis manos por ti, George.

—Ya, gracias —susurró George. Entonces se le ocurrió algo—. Pero ¿ya es seguro que te vas? —preguntó, aferrándose a un hilo de esperanza—. ¿No deberías quedarte aquí? ¿Y si Ripe te sigue a Estados Unidos?

—No creo que el pobre y viejo Ripe pueda hacerme gran cosa —respondió Eric con voz triste.

—¿Pobre y viejo Ripe? —exclamó George enfadado—. ¡Intentó lanzarte a un agujero negro! ¡No entiendo por qué sientes lástima por Ripe! No lo entiendo... ¿Por qué no te vengaste de él cuando tuviste la oportunidad?

—A decir verdad, ya he arruinado lo suficiente la vida de Ripe —dijo Eric. George abrió la boca para hablar pero Eric lo interrumpió—. Verás, George —añadió con tono firme—, Ripe me hizo una muy mala pasada y creo que con eso ya tuvo suficiente. Se ha vengado y no creo que vuelva a saber nada de él. En cualquier caso, Cosmos ya no funciona, de modo que no tengo nada que Ripe pueda querer quitarme. Estoy a salvo, mi familia está a salvo y quiero ir a la agencia Espacial Global. Me han ofrecido la oportunidad de trabajar buscando señales de vida en Marte y en otros lugares del Sistema Solar. Comprendes que no puedo rechazarlo, ¿verdad?

—Supongo que sí —respondió George—. ¿Me avisarás si encuentras a alguien ahí fuera, en el espacio?

—Desde luego que lo haré —prometió Eric—. Serás de los primeros en saberlo. Y, George... Quiero que te quedes con este telescopio. —Eric señaló el cilindro de bronce que George había envuelto con cuidado en papel de periódico—. Para que te recuerde que debes seguir mirando las estrellas.

—¿En serio? —preguntó George maravillado, desenvolviendo de nuevo el telescopio y sintiendo el frío del suave metal en la piel—. Pero ¿no es muy valioso?

—Bueno, también lo eres tú. Como lo serán las observaciones que hagas cuando lo utilices. Y para que te sirva de ayuda, tengo otro regalo especial de despedida para ti. —Eric rebuscó entre una montaña cercana de libros y al fin, con gesto triunfal, levantó un ejemplar amarillo brillante, que agitó en el aire frente a los ojos de George. En la cubierta, en letras grandes, se leía: *Guía útil para conocer el Universo*.

—¿Te acuerdas de que en la fiesta pedí a mis amigos científicos que escribieran una página en la que respondieran a las preguntas que tú planteabas? —preguntó Eric—. Pues bien, he convertido sus respuestas en un libro. Uno para ti y otro para Annie. ¡Aquí está! Cuando lo leas, recuerda que quería que entendieras qué significa ser científico. Quería enseñarte que a mis amigos y a mí, nosotros nos llamamos colegas, nos encanta leer nuestras obras y hablar sobre ellas. Intercambiamos teorías e ideas, y esa es una de las partes más importantes, y divertidas, de ser científico: tener colegas que te ayuden, te inspiren y te reten. De todo esto trata este libro. He pensado que tal vez te gustaría echar un vistazo a las primeras páginas conmigo. Las he escrito yo mismo —añadió con humildad.

Eric comenzó a leer: «*Guía útil para conocer el Universo*. Todo lo que necesitas saber para tus viajes cósmicos. Por la Orden de la Ciencia en Beneficio de la Humanidad».

GUÍA ÚTIL PARA CONOCER EL UNIVERSO

¿POR QUÉ VIAJAMOS AL ESPACIO?

¿Por qué viajamos al espacio? ¿Por qué tantos esfuerzos y para qué gastar tanto dinero por tan solo unos pedacitos de roca lunar? ¿No podríamos hacer cosas mejores aquí en la Tierra?

Bien, es un poco similar a lo que sucedía en Europa antes de 1492. En aquel momento, la gente creía que el viaje de Cristóbal Colón era una enorme pérdida de tiempo y dinero. Pero entonces descubrió América y todo fue distinto. Piénsalo bien: si no la hubiera descubierto, ahora no tendríamos el Big Mac. Ni muchas otras cosas, por supuesto.

Los viajes al espacio tendrán un efecto aún mayor. Cambiarán por completo el futuro de la raza humana; podrían decidir si habrá o no un futuro para ella.

No solucionará ninguno de los problemas más inmediatos que tenemos en el planeta Tierra, pero nos ayudará a considerarlos de manera distinta. Ha llegado el momento en que, en un planeta cada vez más superpoblado, tenemos que mirar más allá, al Universo, en lugar de hacia nosotros mismos.

El traslado de la raza humana al espacio no sucederá de manera rápida. Con eso quiero decir que podría tardar cientos o incluso miles de años. Podríamos tener una base en la Luna dentro de treinta años, llegar a Marte dentro de cincuenta y explorar las lunas de los planetas más alejados dentro de doscientos. Cuando digo «llegar», me refiero a vuelos tripulados. ¿O debería decir tripulados por personas? Ya hemos conducido vehículos robotizados por la superficie de Marte y hemos hecho aterrizar una sonda en Titán, una luna de Saturno, pero, puesto que estamos hablando del futuro de la raza humana, tenemos que ir allí nosotros mismos, no solo mandar robots.

GUÍA ÚTIL PARA CONOCER EL UNIVERSO

Pero ¿ir adónde? Ahora que los astronautas se pasan meses viviendo en la Estación Espacial Internacional sabemos que los seres humanos pueden sobrevivir fuera de la Tierra. Pero ¡también sabemos que vivir con gravedad cero en una estación espacial no solo complica el hecho de tomar una taza de té! No es bueno que la gente pase mucho tiempo en gravedad cero, de manera que si establecemos una base en el espacio tendrá que ser en un planeta o en una luna.

¿Cuál deberíamos elegir? La respuesta más evidente es la Luna. Está cerca y es bastante fácil llegar hasta allí. Ya hemos aterrizado en su superficie y conducido por ella en un vehículo. Por otro lado, la Luna es pequeña y no tiene una atmósfera o un campo magnético que pueda desviar las partículas de viento solar, como en la Tierra. No hay agua en estado líquido, pero puede que haya hielo en los cráteres, en los polos norte y sur. Si se estableciera una colonia en la Luna podría utilizarse como fuente de oxígeno y conseguir electricidad mediante energía nuclear o paneles solares. La Luna podría servir como base para los viajes a otros lugares del Sistema Solar.

¿Qué decir sobre Marte? Ese es nuestro próximo objetivo más evidente. Marte está más lejos del Sol que el planeta Tierra, de modo que la luz solar lo calienta menos y las temperaturas allí son mucho más frías. Alguna vez Marte tuvo un campo magnético, pero desapareció hace 4.000 millones de años, por lo que el planeta perdió la mayor parte de su atmósfera y se quedó con tan solo un 1 por 100 de la presión de la atmósfera terrestre.

En el pasado, la presión atmosférica, que es el peso del aire que hay sobre ti en la atmósfera, debió de ser más elevada, porque observamos lo que parecen canales y lagos secos. En estos momentos no podría existir agua líquida en Marte, ya que se evaporaría.

GUÍA ÚTIL PARA CONOCER EL UNIVERSO

Sin embargo, en ambos polos hay mucha agua en forma de hielo. Si fuéramos a vivir a Marte, podríamos utilizarla. También podríamos utilizar los minerales y los metales que los volcanes han sacado a la superficie.

Así pues, la Luna y Marte podrían servirnos bastante bien. Pero ¿a qué otro lugar del Sistema Solar podríamos viajar? Mercurio y Venus son demasiado calientes, mientras que Júpiter y Saturno son gigantes gaseosos, sin una superficie sólida.

Podríamos intentar ir a las lunas de Marte, pero son muy pequeñas. Algunas de las lunas de Júpiter y Saturno estarían mejor. Titán, una de las lunas de Saturno, es más grande y más sólida que nuestra Luna, y tiene una atmósfera densa. La misión Cassini-Huygens de la NASA y la AEE (la Agencia Espacial Europea) ha llevado una sonda a Titán, que devolvió imágenes de la superficie. Sin embargo, como está tan lejos del Sol, hace mucho frío, y a mí no me haría mucha ilusión vivir al lado de un lago de metano líquido.

¿Y más allá de nuestro Sistema Solar? Después de observar el Universo, sabemos que hay bastantes estrellas con planetas que orbitan a su alrededor. Hasta hace poco veíamos tan solo planetas gigantes del tamaño de Júpiter o Saturno. Pero ahora estamos comenzando a divisar planetas más pequeños, similares a la Tierra. Algunos de ellos estarían dentro de la zona Goldilocks, donde la distancia de la estrella sería la adecuada para que existiera agua líquida en su superficie. Hay unas 1.000 estrellas a menos de diez años luz de la Tierra. Si un 1 por 100 de estas tienen un planeta del tamaño de la Tierra en la zona Goldilocks, entonces tendremos diez candidatos a nuevos mundos.

En estos momentos aún no podemos viajar muy lejos por el Universo. De hecho, ni siquiera somos capaces de imaginar cómo lograremos salvar distancias tan enormes. Pe-

GUÍA ÚTIL PARA CONOCER EL UNIVERSO

ro eso es a lo que deberíamos aspirar en un futuro, entre los próximos 200 y 500 años. La raza humana lleva existiendo como especie diferenciada unos 2 millones de años. La civilización comenzó hace unos 10.000 años, y el índice de desarrollo ha seguido creciendo de manera uniforme. Ahora hemos llegado a un punto en el que podemos atrevernos a ir allí donde no ha ido nadie antes. ¿Quién sabe qué encontraremos y a quién conoceremos?

Buena suerte con tus viajes espaciales y espero que nuestro librito te resulte muy útil.

Saludos interestelares,

Eric

Capítulo tres

Al fin llegó el día en que se cerraron las puertas de la última furgoneta cargada con las pertenencias de Eric, Annie y Susan, y allí estaban los tres, en la calle, despidiéndose de George y de sus padres.

—¡No os preocupéis! —dijo el padre de George—. Os vigilaré bien la casa. Tal vez arregle un poco el jardín. —Se despidió de Eric con un firme apretón de manos que hizo que el científico palideciera y tuviera que frotarse la mano.

La madre de George abrazó a Annie.

—¿Quién lanzará ahora pelotas de fútbol por encima de mi valla? Mi huerto descubrirá la vida relajada —dijo.

Annie le susurró algo al oído. Daisy sonrió.

—Claro que puedes. —Se volvió hacia George—. A Annie le gustaría despedirse de Freddy —dijo.

George asintió; no quería hablar por si le temblaba la voz. En silencio, los dos niños cruzaron la casa de George y salieron al jardín de la parte de atrás.

—Adiós, Freddy —susurró Annie, asomándose al habitáculo del animal—. ¡Te echaré tanto de menos...!

George respiró hondo.

—Freddy también te echará mucho de menos —dijo con voz aguda por el esfuerzo de contener las lágrimas—. Le caes muy bien —añadió—. Se lo ha pasado genial desde que llegaste y no será lo mismo sin ti.

—Yo también me lo he pasado genial —dijo Annie con tristeza.

—Freddy espera que no encuentres un cerdo en Estados Unidos que te caiga tan bien como él —dijo George.

—Ningún cerdo me gustará tanto como Freddy —respondió Annie—. ¡Será mi mejor cerdo para siempre!

—¡Annie! —oyeron que gritaba Susan—. ¡Annie, tenemos que irnos!

—Freddy cree que eres genial —dijo George—. Y te esperará hasta que vuelvas.

—Adiós, George —dijo Annie.

—Adiós, Annie —dijo George—. Nos vemos en el espacio.

Annie se alejó lentamente. George saltó a la pocilga y se sentó en la paja caliente—. Solo quedamos tú y yo, Freddy, mi cerdo cósmico —dijo con tono triste—. Igual que antes.

Cuando Eric, Susan y Annie se hubieron marchado, en el jardín trasero reinaba una calma de lo más desagradable. Los días se estiraban sin cesar, todos bastante parecidos al anterior. No había nada especialmente malo en la vida de George en aquella época: el doctor Ripe se había ido de la escuela, y ahora que George había ganado la competición de ciencia, había hecho algunos amigos con los que pasaba el rato del recreo. Los matones de la escuela —que tan mal se lo habían hecho pasar cuando el doctor Ripe corría por allí— ahora solían dejarlo en paz. En casa, George tenía un ordenador con el que averiguaba datos interesantes para sus deberes —o cosas de la ciencia en general, que le interesaba cada día más— y enviar correos electrónicos a sus amigos. Entraba con frecuencia en las distintas páginas sobre el espacio para leer sobre los nuevos descubrimientos. Le apasionaba observar las fotografías tomadas desde los distintos observatorios, como el telescopio espacial *Hubble*, y leer los informes de los astronautas sobre sus viajes por el espacio.

Sin embargo, aunque todo aquello fuera fascinante, no era lo mismo, porque no podía compartirlo con Annie y su familia. Todas las noches, George levantaba los ojos al cielo con la esperanza de ver una estrella fugaz acercándose a la Tierra, señal de que sus aventuras por el cosmos aún no habían terminado. Pero nunca la veía.

Entonces, un día, cuando ya había abandonado la esperanza, recibió un mensaje de Annie muy sorprendente. Él le había escrito un montón de veces y a cambio recibía mensajes evasivos llenos de historias largas y aburridas sobre niños que él no conocía de nada.

Pero aquel mensaje era distinto. Decía así:

> George, mis padres han escrito a los tuyos para pedirles que te dejen venir a pasar las vacaciones con nosotros. ¡TIENES QUE VENIR! De hecho, te necesito. ¡Tenemos una misión CÓSMICA! ¡¡No seas gallina!!
>
> Los mayores son unos negados, así que no digas nada sobre la aventura espacial. Incluso papá dice que NO, lo cual es grave. Así que tú finge que son unas vacaciones normales. ¡LOS TRAJES ESPACIALES YA ESTÁN LISTOS! CON CARIÑO, DESDE EL UNIVERSO, BESOS,
>
> A.

George le respondió enseguida:

> ¿¿¿Cómo??? ¿¿¿Cuándo??? ¿¿¿Dónde???

Pero la respuesta de Annie fue breve:

> No puedo decir nada más por ahora. Empieza a planear tu viaje. Atraca un banco para comprar el billete y ven.
> MÁS BESOS
>
> A.

George se quedó allí sentado, mirando la pantalla con expresión asustada. No había nada que deseara más que ir a visitar a Annie y a su familia en Florida, Estados Unidos. Aprovecharía la ocasión aunque no hubiera aventura espacial de por medio. Pero ¿cómo? ¿Cómo llegaría hasta allí? ¿Y si sus padres le decían que no? ¿Tendría que escaparse de casa y esconderse en un transatlántico para viajar hasta allí? ¿O colarse en un avión cuando no mirara nadie? Había cruzado un portal generado por ordenador para ir al espacio cuando no debía hacerlo. Sin embargo, en aquel momento le pareció que llegar a Estados Unidos era mucho más complicado que rescatar a alguien de un agujero negro. La vida en la Tierra, pensó, era bastante más difícil que en el espacio.

Entonces se le ocurrió una idea brillante. «La abuela —pensó—. Ella es la persona que necesito.» Y acto seguido le envió un mensaje:

> Querida abuela, tengo que ir a Estados Unidos. Una amiga me ha invitado a su casa, pero tengo que irme ¡PRONTO! Es muy, muy importante. Lo siento, ahora no te lo puedo explicar. ¿Puedes ayudarme?

Segundos más tarde llegó el sonido de su respuesta:

> Voy de camino, George. Espérame ahí. Todo saldrá bien. Te quiero, la abuela. BESOS.

Dicho y hecho, tan solo una hora más tarde se oyó un golpeteo furioso en la puerta. El padre de George se acercó a ella y, nada más abrirla, recibió un empujón de su madre, que entró a toda prisa armada con un bastón y con cara de pocos amigos.

—Terence, George tiene que ir a Estados Unidos a visitar a sus amigos —anunció, sin ni siquiera saludarlo, blandiendo el bastón frente a él.

—Mamá —respondió, con gesto enfadado—, ¿por qué te entrometes?

—No te oigo. Estoy sorda, ya lo sabes —dijo su madre, y le acercó un cuaderno de notas y un bolígrafo.

—Sí, mamá, lo sé perfectamente —repuso entre dientes.

—¡Tendrás que escribirlo! —exclamó la abuela—. ¡No te oigo! No oigo ni una sola palabra de lo que dices.

«Que George vaya o no a Florida no es asunto tuyo», escribió Terence en el cuaderno de su madre.

La abuela miró a George y le guiñó un ojo con picardía. George le devolvió una fugaz sonrisa.

La madre de George había entrado en casa del jardín y se estaba limpiando el barro de las manos con una toalla.

—Es muy raro, George —dijo en voz baja—, porque hemos abierto la carta de Susan y Eric en la que te invitan a pasar con ellos las vacaciones esta misma mañana. ¿Cómo es que tu abuela ya lo sabe?

—Hum... puede que la abuela sea adivina —respondió George a toda prisa.

—Ya veo —dijo su madre, dirigiéndole una mirada divertida—. El hecho es, George, que Eric y Susan me dijeron que nos lo preguntaban a nosotros antes, sin que tú lo supieras, por si no era posible que fueras a verlos. No querían que te disgustaras si no podía ser. Y George, tienes que entenderlo, no podemos permitirnos el billete de avión.

—Entonces lo pagaré yo —respondió la abuela.

—Ah, eso sí que lo has oído, ¿verdad? —dijo el padre de George, que aún estaba escribiendo en el cuaderno.

—Leo los labios —se apresuró a responder—. No oigo nada. Estoy sorda, ¡ya lo sabes!

«No puedes permitirte mandar a George a Estados Unidos», escribió la madre de George en el cuaderno.

—¡No me digas lo que puedo o no puedo hacer! —gritó la abuela—. Tengo un montón de dinero escondido debajo de los tablones del suelo. Tanto que no sé cómo gastarlo. Y si sois un par de bobos y os preocupa que viaje solo, yo iré con él. Tengo amigos en Florida a los que hace años que no veo. —Sonrió de nuevo a George—. ¿Y tú qué dices, George? —preguntó.

Con una sonrisa de oreja a oreja, George asintió tantas veces que daba la impresión de que se le caería la cabeza. Entonces se volvió hacia sus padres para ver qué les parecía. No creía que accedieran, sobre todo porque significaba viajar en avión, algo que sus padres no aprobaban... en teoría.

Sin embargo, la abuela ya había pensado en ese contratiempo.

—¿Sabéis una cosa? —comenzó con desgana—, no veo por qué debemos ser George y yo los únicos en marcharnos de aquí. Al fin y al cabo, Terence, Daisy y tú hace mucho tiempo que no vais a ningún sitio interesante. Y tiene que haber algún lugar que os gustaría conocer... Algún lugar del mundo donde podríais ser útiles, donde podríais cambiar las cosas, si tuvierais tiempo y un billete de avión que os pudiera llevar hasta allí.

El padre de George contuvo la respiración y George se dio cuenta de que las palabras de su astuta abuela le habían llegado al corazón.

—¿No hay nada que os encantaría hacer? —insistió.

Su hijo ya no parecía enfadado, sino más bien esperanzado.

—En realidad —dijo el padre de George dirigiéndose a su mujer—, si George fuera a pasar las vacaciones de verano a Florida y mamá nos ayudara a pagar los billetes de avión, nosotros podríamos salir también de viaje y llevar a cabo nuestra misión en el Pacífico Sur.

Daisy se quedó pensativa.

—Supongo que sí —murmuró—. Estoy segura de que Eric y Susan cuidarían muy bien de George.

—¡Excelente! —gritó la abuela, resuelta a cerrar el trato antes de que cambiaran de opinión—. Está decidido. George va a Florida y vosotros podéis ir de vacaciones... o mejor dicho, a salvar el mundo —se corrigió rápidamente—. Compraré los billetes y saldremos de viaje.

El padre de George miró a su madre y meneó la cabeza.

—A veces creo que solo oyes lo que quieres oír.

La abuela sonrió tristemente y se señaló las orejas.

—No te he oído —respondió con tono firme—. Ni una palabra.

George notó que la risa crecía en su interior. Gracias a la abuela, ¡viajaría a Estados Unidos!, donde lo esperaba Annie con noticias frescas sobre sus descubrimientos. Se sintió un poco culpable, porque sus padres creían que lo mandaban a pasar unas vacaciones agradables, tranquilas y seguras en otro país. Pero George conocía lo suficiente la forma de actuar de Annie como para sospechar que serían de todo menos tranquilas y seguras. Además, ella había mencionado trajes espaciales en su mensaje, los mismos que habían utilizado para viajar alrededor del Sistema Solar. Aquello debía de significar que había descubierto un secreto relacionado con el espacio y que quería viajar de nuevo hasta allí con él. George contuvo la respiración mientras esperaba la respuesta de su madre.

—Está bien —dijo, tras una larga pausa—. Si la abuela se ofrece a llevarte a Florida y Eric y Susan están allí para recibirte en el mismo instante en que aterrice el avión y se ocupan de ti todo el tiempo, ¡supongo que no me queda más remedio que decir que sí!

—¡SÍ! —gritó George, y alzó un brazo al aire—. Gracias mamá, gracias papá, gracias abuela. ¡Será mejor que empiece a hacer la maleta! —dijo, y a continuación, como un torbellino, desapareció.

¡Era tan emocionante, eso de hacer la maleta para salir de viaje en lugar de quedarse mirando a los demás mientras preparaban su equipaje! George no sabía qué llevarse, de modo que durante un rato se dedicó a lanzar sus cosas por toda la habitación y formó un desorden monumental.

Sabía poco sobre Estados Unidos, solo lo que había visto en televisión, en casa de sus amigos. Y no le daba muchas pistas acerca de lo que podría necesitar en Florida. ¿Un monopatín? ¿Ropa guay? No tenía ninguna de las dos cosas. Guardó en la maleta algunos de sus libros, ropa, y metió su valioso ejemplar de la *Guía útil para conocer el Universo* en la mochila de la escuela, que sería su equipaje de mano cuando subiera al avión. En cuanto al equipaje para viajar por el espacio, George sabía que los astronautas solo se llevaban una muda y un poco de chocolate, y después se subían a las naves espaciales, pero tenía sus dudas sobre si Annie habría conseguido reservar una para ellos.

Los padres de George también se preparaban para el viaje. Habían decidido trabajar en su misión mientras él estuviera de vacaciones. Irían a un barco del Pacífico Sur que ayudaba a isleños cuyas vidas estaban en peligro a causa de la subida del nivel del mar.

—Nos pondremos en contacto contigo desde las islas siempre que nos sea posible, por correo electrónico o por teléfono —dijo el padre de George—. Para saber cómo te va. Eric y Susan se han comprometido a cuidarte. Y la abuela —suspiró—, estará cerca de ti si la necesitas.

Incluso Freddy, el cerdo, disfrutaría de unas vacaciones: pasaría el verano en una granja cercana.

La noche anterior al viaje, George no pegó ojo. Al día siguiente saldría hacia Estados Unidos para ver a su mejor amiga y quizá, solo quizá, volvería a viajar por el espacio. Ya había volado alrededor del Sistema Solar, pero nunca había subido a un avión, y esa también era una experiencia emocionante. Antes había estado en el espacio exterior, pero en aquella ocasión cruzaría la atmósfera terrestre. Viajaría por la zona en que el cielo aún es azul, antes de convertirse en el negro del espacio.

En el avión, George miró por la ventanilla y observó las nubes blancas y esponjosas que quedaban por debajo. Encima de ellas vio el Sol, la estrella central de nuestro Sistema Solar, irradiando calor y energía. Abajo estaba su planeta, del que divisaba fragmentos entre las nubes.

Su abuela se pasó la mayor parte del viaje dormida, soltando delicados soplidos como los que emitía Freddy cuando se quedaba dormido. Mientras ella descansaba, George sacó su *Guía útil para conocer el Universo* y leyó acerca de otro viaje, no solo a través de nuestro planeta, sino de todo el Universo.

Cuando el avión aterrizó, George y su abuela se pusieron a la cola para pasar por inmigración y aduanas. Eric y Annie los estaban esperando en la zona de llegadas. Annie gritó y saltó desde el otro lado de la cinta en cuanto vio a George.

—¡George! —chilló—. ¡George! —Pasó por debajo de la cinta y corrió hacia él. Estaba más alta y más morena de lo que la recordaba. Annie lo abrazó y le susurró al oído—: ¡Me alegro muchísimo de que estés aquí! ¡Ahora no puedo contártelo, pero tenemos una emergencia! Y recuerda, ¡chissst! No digas nada. —Le quitó el carro y lo condujo hacia Eric. La abuela y George la siguieron a toda prisa.

George se quedó impresionado al ver a Eric. Tenía un aspecto muy cansado y alguna que otra cana en su oscuro ca-

GUÍA ÚTIL PARA CONOCER EL UNIVERSO

CÓMO VIAJAR POR EL UNIVERSO

¿A qué nos referimos con «viaje» por el «Universo»?

Antes de partir tenemos que entender qué quieren decir los términos «viaje» y «Universo». Literalmente, la palabra «Universo» significa todo aquello que existe. Sin embargo, la historia de la astronomía podría considerarse una secuencia de etapas, en cada una de las cuales parece que el Universo ha ido creciendo. Así pues, el significado de «todo» ha cambiado.

Hoy en día, la mayoría de los cosmólogos aceptan la teoría del Big Bang, según la cual el Universo se inició en un estado de enorme compresión hace unos 14.000 millones de años. Esto significa que el punto más alejado que podemos ver es la distancia que ha recorrido la luz desde el Big Bang, lo cual define el tamaño del Universo observable.

¿A qué nos referimos con «viaje»? En primer lugar, debemos distinguir entre observar el Universo y viajar por él. «Observar» es lo que hacen los astrónomos y, como veremos, implica mirar hacia el pasado. «Viajar» es lo que hacen los astronautas y supone cruzar el espacio. Esto también implica una clase de viaje distinto, porque, al viajar desde la Tierra hasta el borde del Universo observable, en esencia, lo que hacemos es seguir la historia del pensamiento humano sobre la escala del Universo. A continuación trataremos estos tres viajes.

El viaje al pasado

La información que tienen los astrónomos procede de ondas electromagnéticas que viajan a la velocidad de la luz (300.000 kilómetros por segundo). Es muchísima velocidad, pero es finita, y los astrónomos suelen medir la distancia mediante el tiempo de recorrido de la luz. Por ejem-

GUÍA ÚTIL PARA CONOCER EL UNIVERSO

plo, la luz tarda algunos minutos en llegar hasta nosotros desde el Sol, pero años desde la estrella más cercana, millones de años desde la galaxia grande más cercana (Andrómeda), y muchos miles de millones de años desde las galaxias más alejadas.

Esto significa que cuando observamos distancias mayores también estamos observando el pasado. Por ejemplo, si observamos una galaxia que está a 10 millones de años luz de distancia, la estaremos viendo tal como era hace 10 millones de años. Por consiguiente, en este sentido un viaje por el Universo no es tan solo un viaje por el espacio: es también un viaje al pasado, hasta el mismo momento del Big Bang.

En realidad, no podemos observar todo el recorrido hasta llegar al Big Bang. El Universo primitivo era tan caliente que formaba una niebla de partículas a través de las cuales no se veía nada. A medida que el Universo fue expandiéndose, se enfrió y la niebla se disipó unos 400.000 años después del Big Bang. Sin embargo, podemos utilizar nuestras teorías para especular sobre cómo pudo ser el Universo antes de entonces. Puesto que la densidad y la temperatura aumentan a medida que retrocedemos en el tiempo, nuestra especulación depende de nuestras teorías sobre la física de alta energía, pero en la actualidad tenemos una idea bastante completa de la historia del Universo.

Cabría suponer que nuestro viaje a través del tiempo terminaría en el Big Bang. Sin embargo, los científicos están intentando entender la propia física de la creación y cualquier mecanismo mediante el cual nuestro Universo pudiera, en principio, generar otros. Por ejemplo, hay quienes creen que el Universo experimenta ciclos de expansión y recolapso, lo cual produce universos que se suceden en el tiempo. Otros piensan que nuestro Universo es tan solo una más de las muchas «burbujas» que hay en el espacio. Estas son algunas variantes de lo que se conoce como propuesta «multiverso».

GUÍA ÚTIL PARA CONOCER EL UNIVERSO

El viaje por el espacio

El hecho de viajar físicamente por el Universo es un reto enorme a causa del tiempo que se tardaría. La Teoría Especial de la Relatividad de Einstein (1905) sugiere que ninguna nave podría viajar a más velocidad que la luz. Esto significa que se tardaría por lo menos 100.000 años en cruzar nuestra galaxia y 10.000 millones de años en cruzar el Universo —al menos según la estimación de alguien que estuviera en la Tierra—. Sin embargo, la Teoría Especial de la Relatividad también predice que el tiempo fluye más lentamente para los observadores en movimiento, de modo que el viaje podría ser mucho más rápido para los astronautas. De hecho, si pudiéramos viajar a la velocidad de la luz, ¡no transcurriría nada de tiempo!

Ninguna nave puede desplazarse a tanta velocidad como la luz, pero sería posible acelerar hasta la velocidad máxima; en ese caso, el tiempo transcurrido sería mucho menor que el que habría pasado en la Tierra. Por ejemplo, si fuéramos propulsados con la aceleración con que los cuerpos caen a causa de la gravedad en la Tierra, tendríamos la impresión de que un viaje a través de la galaxia duraría tan solo unos 30 años. Así pues, podríamos regresar a la Tierra en nuestro tiempo de vida, aunque nuestros amigos llevaran tiempo muertos. Y si siguiéramos acelerando más allá de la galaxia durante un siglo, podríamos, en principio, ¡viajar hasta el límite del Universo observable!

La Teoría General de la Relatividad de Einstein (1915) podría permitir posibilidades aún más inusuales. Por ejemplo, sería posible que algún día los astronautas pudieran utilizar agujeros de gusano o efectos de curvatura espacial —como en *Star Trek* y otras conocidas series de ciencia ficción— para que esos viajes fueran aún más rápidos y volver a casa sin haber perdido a ningún amigo. Pero todo esto es muy especulativo.

GUÍA ÚTIL PARA CONOCER EL UNIVERSO

El viaje a través de la historia del pensamiento humano

Para los griegos antiguos, la Tierra era el centro del Universo, y los planetas, el Sol y las estrellas estaban relativamente cerca. Esta visión geocéntrica (*geos* = Tierra) fue desmontada en el siglo XVI, cuando Copérnico demostró que la Tierra y otros planetas se mueven alrededor del Sol (*helios*). Sin embargo, esta creencia heliocéntrica no duró mucho tiempo. Algunas décadas más tarde, Galileo utilizó su recién inventado telescopio para demostrar que la Vía Láctea —entonces considerada tan solo una franja de luz en el cielo— está formada por numerosas estrellas como el Sol. Este descubrimiento no solo disminuyó la importancia que se atribuía al Sol, sino que también aumentó en gran medida el tamaño del Universo conocido.

En el siglo XVIII ya se había aceptado que la Vía Láctea es un disco de estrellas (la galaxia) unidas por la gravedad. Sin embargo, la mayoría de los astrónomos seguían creyendo que la Vía Láctea comprendía todo el Universo, y esta visión galactocéntrica duró hasta bien entrado el siglo XX. Entonces, en 1924, Edwin Hubble midió la distancia que nos separaba de nuestra galaxia más cercana (Andrómeda) y demostró que tenía que estar un buen trecho fuera de la Vía Láctea. ¡Un nuevo cambio en el tamaño del Universo!

Pocos años más tarde, Hubble ya había obtenido datos acerca de varias docenas de galaxias cercanas, con los que se demostró que todas ellas se alejan de nosotros a una velocidad proporcional a la distancia que las separa de nosotros. La forma más sencilla de imaginar todo esto es pensar que el espacio se expande, como si fuera la superficie de un globo que se infla en el cual están pintadas las galaxias. Esta expansión se conoce por el nombre de la Ley de Hubble, y ahora se ha descubierto que se puede aplicar a distancias de decenas de miles de millones de años luz, una región que contiene cientos de miles de millones de galaxias. ¡De nuevo, otro gigantesco cambio de escala!

GUÍA ÚTIL PARA CONOCER EL UNIVERSO

La visión cosmocéntrica considera que este es el cambio definitivo en el tamaño del Universo. Esto se debe a que la expansión cósmica implica que, a medida que retrocedemos en el tiempo, las galaxias están cada vez más cerca y al final se unen. Antes de eso, la densidad sigue aumentando —hasta el Big Bang, 14.000 millones de años atrás— y no somos capaces de ver más allá de la distancia recorrida por la luz desde entonces. Sin embargo, en los últimos tiempos se ha observado un avance interesante. Si bien cabe esperar que la expansión del Universo se ralentice a causa de la gravedad, las observaciones más recientes sugieren que en realidad se está acelerando. Las teorías que intentan explicar este hecho sugieren que nuestro universo observable podría formar parte de una «burbuja» mucho mayor. Y esta burbuja podría ser tan solo una de muchas, ¡como en la propuesta multiverso!

¿Qué nos traerá el futuro?

Así pues, el destino final de nuestros tres viajes —el primero de vuelta al pasado, el segundo por el espacio y el tercero para seguir la historia del pensamiento humano— es el mismo: ¡esos universos inobservables que solo podemos intuir a través de teorías y visitar con nuestra imaginación!

Me pregunto qué llegarán a descubrir los astrónomos del mañana...

Bernard

bello. Pero cuando vio a George sonrió y se le encendió el rostro como era habitual en él.

Se saludaron y la abuela estrechó la mano de Eric y le indicó que escribiera sus comentarios en el cuaderno. A continuación le dio un sobre en el que se leía «DINERO DE GEORGE PARA CASOS DE EMERGENCIA», abrazó a su nieto, sonrió a Annie y se marchó a saludar a sus amigos, que habían ido a recogerla al aeropuerto.

—Un puñado de viejos granujas rebeldes de mi pasado que viven cerca de Eric y Susan —le había dicho a George—. Una buena oportunidad para revivir algunas de nuestras juergas.

Sin embargo, las personas que fueron a buscar a la abuela eran tan mayores y tenían un aspecto tan tembloroso que George no lograba imaginar que alguna vez hubieran sido jóvenes, y mucho menos que hubieran vivido aventuras. La abuela se alejó tambaleante y George sintió que se le encogía el estómago al verla marcharse. Todo le parecía enorme y reluciente allí, en Estados Unidos: todo era mucho más brillante, grande y escandaloso que en casa. Una oleada de añoranza se apoderó de él, pero no le duró mucho tiempo.

Un niño más bajito con gafas gruesas y un peinado muy peculiar apareció detrás de Eric.

—Saludos, George —dijo con decisión—. Annie —añadió, y dirigió a la niña una mirada de desprecio absoluto— me lo ha contado todo sobre ti. He estado esperando con impaciencia relacionarme contigo. Parece que eres una persona de lo más interesante.

—Atrás, Emmett —dijo Annie bruscamente—. George es mi amigo y ha venido a verme a mí, no a ti.

—George, este es Emmett —dijo Eric con calma mientras Annie observaba desafiante a Emmett y Emmett apartaba la mirada y fruncía los labios—. Es el hijo de un amigo mío. Emmett se quedará con nosotros unos días este verano.

—Es el hijo del mal, más bien —susurró Annie al oído de George.

Emmett se situó con disimulo al otro lado de George y le dijo al oído:

—Esta humanoide es una imbécil total.

—Como ya habrás notado —continuó Eric con tono despreocupado—, hay algunos problemas entre estos dos.

—¡Le dije que no tocara mi muñeca de acción Mundo de Chicas! —estalló Annie—. Y ahora solo habla klingon.

—Yo no le pedí que me cortara el pelo —gimoteó Emmett—. Y ahora tengo pinta de idiota.

—Ya tenías pinta de idiota antes —murmuró Annie.

—Es mejor que hable klingon a que diga solo estupideces, como tú —protestó Emmett. Sus ojos, que las gafas aumentaban de tamaño, estaban muy brillantes.

—George ha hecho un largo viaje —dijo Eric con firmeza—. Así que entraremos en el coche, volveremos a casa y seremos amables los unos con los otros, ¿entendido? —añadió con tono severo.

—¡Sí! —respondió George.

—No iba por ti, George —dijo Eric—. Tú siempre eres amable. Son estos dos quienes me preocupan.

Capítulo cuatro

Eric los llevó a la gran casa de madera blanca donde vivía entonces su familia. El sol caía a plomo de aquel cielo perfecto y azul, y el calor que emanaba del suelo golpeó a George en el rostro en cuanto salió del coche. Annie bajó a toda prisa detrás de él.

—Vamos —dijo Annie mientras Eric sacaba la bolsa de George del maletero—. Tenemos trabajo. Sígueme. —Lo llevó a la parte trasera de la casa, donde un enorme árbol daba sombra a una galería en la que había una mesa y varias sillas.

—¡Sube al árbol! —ordenó Annie—. ¡Es el único sitio donde podemos hablar! —Annie se encaramó a una gran rama que sobresalía y George trepó detrás de ella. Susan había salido a la galería con una bandeja. Se quedó de pie, debajo de Annie y George, con Emmett pegado a su lado.

—¡Hola, George! —gritó al árbol—. ¡Me alegro de verte! Aunque no te vea.

—Hola, Susan —respondió George—. Muchas gracias por invitarme.

—Annie, ¿no has pensado que a George tal vez le apetezca descansar? ¿Y algo de comer y de beber, después del viaje?

—Dáselo al árbol —dijo Annie, y asomó la cabeza entre las hojas verdes y blanquecinas. Alargó un brazo y alcanzó un cartón de zumo, que le dio a George, y un montón de galletas.

—De acuerdo, ¡ahora estamos bien! —canturreó—. ¡Adiós, gente! ¡Os podéis largar!

Emmett se quedó allí de pie, mirando con deseo hacia lo alto del árbol.

—¿Puede subir Emmett con vosotros? —preguntó Susan.

—Decididamente —comenzó Annie—, no. Podría caerse de una ramita y dañar su impresionante recuento de neuronas. Está más seguro en el suelo. ¡*Ciao*, chicos! George y yo estamos ocupados.

Desde el árbol, oyeron el suspiro de Susan.

—¿Por qué no te sientas aquí? —le dijo a Emmett mientras colocaba una silla debajo de las ramas—. Estoy segura de que bajarán pronto.

Emmett hizo un ruido, como si se sorbiera la nariz, y desde lo alto del árbol oyeron que Susan lo consolaba.

—No le hagas ningún caso, ¡es un llorón! —susurró Annie a George—. Y no empieces a sentir lástima por él, eso es letal. En cuanto muestras debilidad se aprovecha. La primera vez que lloró sentí pena por él y entonces me mordió. Mi madre es tan sentimental que tampoco se da cuenta.

Los pasos de Susan se alejaron en dirección a la casa.

—Bien, apóyate en esa rama —ordenó Annie—, por si te desmayas de la impresión cuando oigas lo que tengo que decirte.

—¿Qué pasa? —preguntó George.

—Una noticia impresionante —confirmó Annie—. Tan superimpresionante que cuando te la cuente se te caerá el culo al suelo. —Annie lo miró con expectación.

—Bueno, cuéntame —dijo George con paciencia.

—¿Me prometes que no pensarás que me he vuelto majareta?

—Hum... la verdad es que ya lo pienso ahora —admitió George—. Así que no cambiará nada.

Annie le dio un golpe con la mano que tenía libre.

—¡Ay! —chilló George, riéndose—. Me has hecho daño.

—George, ¿estás bien? —gritó una vocecita desde abajo—. ¿Necesitas que te defienda de esa salvaje? Puede ser muy malvada.

—Cállate, Emmett —gritó Annie—. Y deja de escuchar nuestra conversación.

—¡No estoy escuchando! —respondió Emmett con su lloriqueo chillón—. No tengo la culpa de que estéis propagando una corriente de vibraciones inútiles a la atmósfera.

—¡Entonces márchate de aquí! —bramó Annie.

—¡No! —dijo Emmett, obstinado—. Me quedaré por si George necesita mi superinteligencia. No quiero que desperdicie su amplitud de banda en tu rudimentaria comunicación.

Annie alzó los ojos al cielo y suspiró. Se deslizó por la rama para acercarse a George y le susurró al oído:

—He recibido un mensaje de extraterrestres.

—¡Extraterrestres! —repitió George a voz en grito, olvidándose de Emmett—. ¡Has recibido un mensaje de extraterrestres!

—¡Chissst! —ordenó Annie con todas sus fuerzas. Pero ya era tarde.

—¿De verdad cree esa joven humanoide que una forma de vida lo bastante inteligente para enviar un mensaje a la otra punta de la vasta extensión del espacio la elegiría a ella para recibirlo? —dijo Emmett, de pie, mirando la copa del árbol—. Y además, los extraterrestres no existen. En estos momentos, no tenemos pruebas de ninguna otra forma de vida inteligente en el Universo. Solo podemos calcular la probabilidad de que en otros planetas se den las condiciones adecuadas para que haya bacterias extremófilas, las cuales tendrían aproximadamente el mismo coeficiente intelectual que Annie. O tal vez un poco más. Si quieres, puedo calcular las probabilidades de vida inteligente utilizando la Ecuación de Drake.

—Vaya, muchas gracias por la explicación, profesor Emmett —dijo Annie—. Su premio Nobel está de camino. Y ahora, ¿por qué no te esfumas? Vete a buscar bacterias de tu especie y distráete con ellas. De hecho, George, los extraterrestres sí existen, y Emmett es uno de ellos.

—No, no, rebobina —respondió George a toda prisa—. ¿Has recibido un mensaje de extraterrestres? ¿Dónde? ¿Cómo? ¿Qué te decían?

—Le mandaron un escrito para comunicarle que la abducirían hasta su nave a las veintiuna horas —dijo Emmett—. Ojalá sea así.

—Cierra el pico, Emmett. —En aquella ocasión fue George quien respondió airado—. Quiero escuchar lo que Annie tiene que decirme.

—¡Muy bien, aquí va la noticia! —exclamó Annie—. Poneos cómodos, amigos y extraterrestres, porque esto os dejará pasmados.

Abajo, Emmett abrazaba el árbol en un intento por acercarse a ellos.

George sonrió.

—Estoy listo, agente Annie —dijo—. Adelante.

—Mi increíble historia —comenzó Annie—, empieza una tarde como cualquier otra, en la que nadie habría imaginado que sería la primera vez en la historia que este planeta entraría finalmente en contacto con los extraterrestres.

»Yo, mi familia y yo... —continuó con grandilocuencia.

—¡Y yo! —chilló Emmett desde abajo.

—Y él —añadió Annie—, acabábamos de regresar de ver el aterrizaje de un robot en Marte. La típica salida familiar, nada especial. Solo que...

Unas semanas antes, Eric, Susan, Annie y Emmett habían ido a la agencia Espacial Global para ver cómo una nueva clase de robot intentaba aterrizar en el planeta rojo. El robot, *Homer*, había tardado nueve meses en recorrer los 680.000 kilómetros que nos separan de Marte. Era el último de una serie de robots que había enviado la agencia para explorar el planeta.

Eric estaba entusiasmado con la posibilidad de que *Homer* aterrizara en Marte porque el robot llevaba un equipo a bordo que lo ayudaría a descubrir si alguna vez había existido vida en nuestro vecino más cercano. *Homer* buscaría agua en Marte: gracias a una pala colocada en el extremo de su largo brazo robótico, escarbaría a través de la helada superficie de Marte para extraer puñados de barro, que después cocinaría en un horno especial. Cuando calentara las muestras de suelo, averiguaría si Marte, ahora un planeta frío y desierto, había tenido alguna vez, en un pasado lejano, cálido y húmedo, abundancia de agua.

LA ECUACIÓN DE DRAKE

La Ecuación de Drake no es realmente una ecuación, sino una serie de preguntas que nos ayudan a estimar cuántas civilizaciones inteligentes con capacidad para comunicarse puede haber en nuestra galaxia. La formuló en 1961 el doctor Frank Drake, del Instituto SETI, y aún la utilizan los científicos hoy en día.

Esta es la ecuación de Drake:

$$N = R^* \times f_p \times n_e \times f_l \times f_i \times f_c \times L$$

R^* representa el número de nuevas estrellas que se forman cada año en la galaxia de la Vía Láctea

Pregunta: ¿Cuál es el ritmo de formación de estrellas en la galaxia de la Vía Láctea?
Respuesta: Nuestra galaxia tiene unos 12.000 millones de años y contiene, aproximadamente, unos 300.000 millones de estrellas. Así pues, de media, las estrellas se forman a un ritmo de 300.000 millones divididos entre 12.000 millones = 25 estrellas por año.

f_p es la fracción de aquellas estrellas que tienen planetas a su alrededor

Pregunta: ¿Qué porcentaje de estrellas tienen sistemas planetarios?
Respuesta: Las estimaciones actuales oscilan entre un 20 por 100 y un 70 por 100.

n_e es el número de planetas por estrella capaces de albergar vida

Pregunta: Por cada estrella que tiene un sistema planetario, ¿cuántos planetas son capaces de albergar vida?
Respuesta: Las estimaciones actuales oscilan entre 0,5 y 5.

f_l es la fracción de planetas en n_e donde prospera la vida

Pregunta: ¿En qué porcentaje de planetas que son capaces de albergar vida, la vida de hecho prospera?
Respuesta: Las estimaciones actuales oscilan entre un 100 por 100 (allí donde pueda prosperar la vida, lo hará) hasta cerca de un 0 por 100.

f_i es la fracción de planetas habitables con vida donde prospera vida inteligente

Pregunta: En los planetas en que prospera la vida, ¿qué porcentaje produce vida inteligente?

Respuesta: Las estimaciones oscilan entre un 100 por 100 (la inteligencia tiene tal ventaja para la supervivencia que sin duda prosperará) hasta cerca de un 0 por 100.

f_c es la fracción de planetas con vida inteligente capaces de establecer comunicación interestelar

Pregunta: ¿Qué porcentaje de razas inteligentes tienen los medios y el deseo de comunicarse?

Respuesta: Entre un 10 por 100 y un 20 por 100.

L es la media de número de años que una civilización que se ha comunicado sigue haciéndolo

Pregunta: ¿Cuánto duran las civilizaciones comunicativas?

Respuesta: Esta es la pregunta más difícil. Si tomamos la Tierra como ejemplo, llevamos comunicándonos con ondas de radio menos de cien años. ¿Cuánto tiempo seguirá nuestra civilización comunicándose mediante este método? ¿Podríamos destruirnos en unos pocos años o superaremos nuestros problemas y sobreviviremos durante 10.000 años o más?

Cuando todas estas variables se multiplican, obtenemos:

N, el número de civilizaciones que podrían comunicarse en la galaxia.

ROBOTS EN EL ESPACIO

Una sonda espacial es una nave espacial robótica que los científicos mandan de viaje por el Sistema Solar para reunir más información sobre nuestro entorno cósmico. Las misiones espaciales con robots tienen el objetivo de responder preguntas concretas como: «¿Qué aspecto tiene la superficie de Venus?» «¿Hace viento en Neptuno?» o «¿De qué está hecho Júpiter?».

Si bien las misiones espaciales con robots son mucho menos atractivas que los vuelos espaciales tripulados, tienen varias ventajas destacables:

- Los robots pueden recorrer grandes distancias y llegan más lejos y más rápido que cualquier astronauta. Al igual que las misiones tripuladas, necesitan una fuente de energía: la mayoría utiliza dispositivos solares que convierten la luz del Sol en energía, pero otras que recorren largas distancias lejos del Sol llevan su propio generador a bordo. Sin embargo, las naves espaciales robóticas necesitan mucha menos energía, ya que no tienen que mantener un entorno confortable durante el viaje.
- Los robots tampoco necesitan suministros de agua ni comida, ni oxígeno para respirar, por lo que son mucho más pequeños y ligeros que una nave tripulada.
- Los robots no se aburren, no echan de menos a los suyos ni enferman durante el viaje.
- Si algo sale mal en una misión con robots, no se pierden vidas en el espacio.
- Las sondas espaciales cuestan mucho menos que los vuelos tripulados y los robots no están deseando regresar a casa cuando termina su misión.

Las sondas espaciales nos han descubierto las maravillas del Sistema Solar al mandarnos datos que han ayudado a los científicos a entender mucho mejor cómo se formó el Sistema Solar y qué condiciones se dan en otros planetas. Mientras que los humanos, hasta la fecha, han llegado tan solo a la Luna —un viaje de unos 380.000 kilómetros—, las sondas espaciales han recorrido miles de millones de kilómetros y nos han mostrado extraordinarias imágenes detalladas de los puntos más alejados del Sistema Solar.

De hecho, ¡casi treinta sondas espaciales llegaron a la Luna antes de que lo hiciera el hombre! Las naves espaciales robóticas ya han estado en todos los demás planetas de nuestro Sistema Solar, han recogido polvo de la cola de un cometa, han aterrizado en Marte y en Venus y viajado más allá de Plutón. Algunas sondas incluso han reunido información de nuestro planeta y de la raza humana. Las sondas *Pioneer 10* y *11* llevan placas grabadas con la imagen de un hombre y una mujer así como de un mapa que muestra el lugar del que salieron. En su viaje por el espacio interplanetario, ¡es posible que las *Pioneer* se encuentren algún día con una civilización extraterrestre!

Las sondas *Voyager* se llevaron fotografías de ciudades, paisajes y gente de la Tierra así como un saludo grabado en distintas lenguas que se hablan en nuestro planeta. Así, en el caso altamente improbable de que las sondas sean recogidas por otra civilización, estos saludos servirán para que los extraterrestres que consigan descifrarlos sepan que somos un planeta pacífico y que deseamos todo lo mejor para cualquier otro ser del Universo.

Hay distintas clases de sondas espaciales y la que se utiliza para una misión determinada depende de la pregunta que la sonda quiera responder. Algunas pasan cerca de varios planetas durante su largo viaje y toman fotografías. Otras orbitan alrededor de un planeta en concreto para obtener más información sobre ese planeta y sus lunas. Otra clase de sonda es la que ha sido diseñada para aterrizar en la superficie de otro mundo y enviarnos datos desde allí. Algunas de estas se desplazan, mientras que otras quedan fijas en el lugar donde aterrizan.

El primer vehículo robotizado, el *Lunojod 1*, formaba parte de una sonda rusa, *Luna 17*, que alunizó en 1970. El *Lunojod 1* era un vehículo robótico que podía ser guiado desde la Tierra, de manera similar a un coche a control remoto.

Los aterrizadores que la NASA envió a Marte, el *Viking 1* y el *Viking 2*, que se posaron en el planeta rojo en 1976, nos ofrecieron las primeras imágenes de la superficie del planeta de la Guerra, que llevaba miles de años intrigando a la población terrestre. Los aterrizadores *Viking* mostraron las llanuras de color marrón rojizo, salpicadas de rocas, el cielo rosado de Marte e incluso escarcha en el suelo en invierno. Lamentablemente, es muy difícil aterrizar en Marte, y varias de las sondas que se han mandado al planeta rojo se han estrellado contra la superficie.

ROBOTS EN EL ESPACIO (cont.)

En misiones posteriores a Marte se enviaron dos vehículos robotizados, el *Spirit* y el *Opportunity*. Diseñados para desplazarse durante al menos tres meses, duraron mucho más tiempo y, además, al igual que todas las naves enviadas a Marte, encontraron pruebas de que la configuración del planeta se debía a la presencia de agua. En 2007, la NASA envió la Misión Phoenix a Marte. Phoenix no pudo avanzar por Marte, pero tenía un brazo robótico para cavar en el suelo y recoger muestras. A bordo llevaba un laboratorio en el que analizaba el suelo y comprobaba qué contenía. Marte también tiene tres orbitadores a su alrededor: el *Mars Odissey*, el *Mars Express* y el *Mars Reconnaissance Orbiter*, que nos muestran con detalle las características de la superficie.

Las sondas espaciales robóticas también nos han mostrado el mundo infernal que se abre por debajo de la densa atmósfera de Venus. Tiempo atrás se creía que bajo las nubes venusianas tal vez hubiera bosques tropicales, pero las sondas espaciales nos han revelado las altas temperaturas, una atmósfera cargada de dióxido de carbono y nubes de color marrón oscuro de ácido sulfúrico. En 1990, la sonda *Magallanes* de la NASA entró en órbita alrededor de Venus. Utilizando un radar para penetrar en la atmósfera, la *Magallanes* trazó el mapa de la superficie de Venus y ¡encontró 167 volcanes de más de 110 kilómetros de ancho! La *Venus Express* de la AEE lleva orbitando alrededor de Venus desde 2006. Esta misión estudia la atmósfera de Venus e intenta descubrir por qué razón la Tierra y Venus tuvieron un desarrollo tan distinto. Varios aterrizadores nos han dado información desde la superficie de Venus, lo cual es un logro espectacular dadas las dificultades de aterrizaje en ese planeta tan hostil.

Las sondas espaciales robóticas se han enfrentado al mundo de Mercurio, un planeta que está aún más cerca del Sol que Venus. La *Mariner 10*, que pasó junto a Mercurio en 1974 y de nuevo en 1975, nos mostró que este pequeño planeta desnudo se parece mucho a nuestra Luna. Es un planeta gris y sin vida que tiene una atmósfera muy tenue. En 2008, la Misión Messenger lanzó una sonda espacial a Mercurio que obtuvo las primeras imágenes nuevas en treinta años del planeta más cercano al Sol.

Volar cerca del Sol presenta enormes retos para una nave robótica, pero las sondas que se han enviado al Sol —*Helios 1*, *Helios 2*, *SOHO*, *TRACE*, *RHESSI* y otras— han devuelto información que ha ayudado a los científicos a tener un conocimiento mucho mejor de la estrella que ocupa el centro de nuestro Sistema Solar.

Aún más lejos en el Sistema Solar, Júpiter fue visto por primera vez con detalle cuando la sonda *Pioneer 10* pasó a su lado en 1973. Las imágenes capturadas por la *Pioneer 10* también mostraron la Gran Mancha Roja: una característica que hace siglos ya habíamos visto con telescopios desde la Tierra. Después de la *Pioneer*, las sondas *Voyager* desvelaron la sorprendente noticia sobre las lunas de Júpiter. Gracias a las sondas *Voyager*, los científicos de la Tierra descubrieron que las lunas de Júpiter son muy distintas entre sí. En 1995, la sonda *Galileo* llegó a Júpiter y pasó ocho años investigando el gigantesco planeta gaseoso y sus lunas. *Galileo* fue la primera sonda espacial en pasar junto a un asteroide, la primera en descubrir un asteroide con una luna y la primera en medir Júpiter en un largo período de tiempo. Esta sorprendente sonda también mostró la actividad volcánica en la luna de Júpiter, Ío, y descubrió que Europa estaba cubierta de una gruesa capa de hielo debajo de la cual tal vez hubiera un grandioso océano, ¡que podría albergar alguna forma de vida!

La sonda *Cassini*, de la NASA, no fue la primera en visitar Saturno; las sondas *Pioneer 11* y la *Voyager* habían pasado por él en su largo viaje y habían enviado imágenes detalladas de los anillos de Saturno y más información sobre la densa atmósfera de Titán. Pero cuando la *Cassini* llegó al planeta en 2004 tras un viaje de siete años, nos mostró muchos más detalles de Saturno y de las lunas que orbitan a su alrededor. La *Cassini* también arrojó una sonda, la *Huygens* de la AEE, que atravesó la densa atmósfera y tomó tierra en la superficie de Titán. La Huygens descubrió que la superficie de Titán está cubierta de hielo y que las densas nubes producen una lluvia de metano.

Más lejos de la Tierra, la *Voyager 2* ¡pasó junto a Urano y tomó imágenes de ese planeta helado que tiene el eje inclinado! Gracias a ella, sabemos más de los delgados anillos de Urano, muy distintos de los de Saturno, y de sus lunas. La *Voyager 2* siguió hasta Neptuno y reveló que allí hace mucho viento (tiene las tormentas más violentas del Sistema Solar). La *Voyager 2* está ahora a 16.000 millones de kilómetros de la Tierra y la *Voyager 1* a 17.000 millones de kilómetros. Deberían comunicarse con nosotros hasta el año 2020.

Tras la *Stardust* —una sonda que recogió partículas de la cola de un cometa y las devolvió a la Tierra en 2006— descubrimos muchas cosas del Sistema Solar primitivo. Las muestras de los cometas, formados en el centro del Sistema Solar y desplazados hasta el borde, han ayudado a entender mejor el origen del Sistema Solar.

—Allí donde hay agua —Eric había dicho a los niños—, como sabemos por nuestro planeta Tierra, ¡podría haber vida!

Aún más importante, *Homer* serviría de ayuda para organizar una misión a Marte que llevaría a seres humanos a un nuevo planeta. Por primera vez en su historia, la agencia Espacial Global se estaba preparando para mandar una nave con gente a bordo con el fin de explorar Marte y descubrir si sería posible establecer una colonia allí fuera.

Así pues, *Homer* era muy importante, y no solo porque fuera caro, porque tuviera tecnología punta o, como dijo Annie, porque parecía que tuviera personalidad propia, con aquellos ojitos redondos de la cámara, sus patas de palillo y barriga redonda donde guardaba el horno de a bordo.

Era importante porque representaba el primer paso hacia el espacio para la raza humana: era el pionero en una nueva clase de exploración espacial que podría llevar a la gente a vivir a otro planeta.

El día del descenso de *Homer* sobre el planeta rojo habían estado en la amplia y redonda sala de control, llena de hileras de ordenadores y de gente que leía con impaciencia la información que aparecía en las pantallas. Mientras viajaba, *Homer* enviaba señales a la Tierra con informes de evolución. Estos llegaban a la agencia Espacial Global codificados y los ordenadores de la Tierra los convertían en imágenes y palabras. A causa del tiempo que tardaba la señal de *Homer* en llegar a la Tierra, en la sala de control apenas tenían noticias de lo que había sucedido en Marte. ¿Había aterrizado ya *Homer*... o se había estrellado?

Estaban a punto de averiguarlo.

En las pantallas que tenían sobre sus cabezas, Annie y Emmett observaban una animación de lo que le sucedía a

Homer mientras se acercaba a Marte. El ambiente de la sala era electrizante: grupos de personas que esperaban nerviosas, con la esperanza de que su robot hubiera dado con éxito el primer paso para completar su misión.

Eric explicó que era muy difícil aterrizar en Marte. El planeta tiene una atmósfera muy delgada, lo que significa que no proporciona el sistema de frenos natural que la atmósfera de la Tierra ofrece a las naves que regresan. Aquello quería decir que *Homer* estaría volando muy deprisa hacia la superficie de Marte, por lo que solo les quedaba esperar que todos sus sistemas funcionaran correctamente para ayudarlo a reducir velocidad; de otro modo, se estrellaría y terminaría convertido en una montaña de pedazos a millones de kilómetros de distancia, sin nadie que pudiera arreglarlo.

A medida que *Homer* se acercaba a la atmósfera de Marte, todos se fueron pegando a las pantallas. A un lado había un reloj digital que contaba el tiempo que llevaba en el espacio. A su lado, había otra hora en TUC (Tiempo Universal Coordinado), el sistema utilizado por todas las agencias espaciales para coordinarse entre sí y con sus misiones en el espacio.

—Ahora estamos observando la EDA —gritó un hombre de gesto serio que llevaba unos cascos.

—¿Qué es eso? —preguntó Annie.

—Entrada, descenso y aterrizaje —dijo Emmett con tono de superioridad—. Desde luego, Annie, creí que te habrías informado un poco antes de venir, para aprovechar al máximo la experiencia.

A modo de respuesta, Annie pisó con fuerza el pie de Emmett.

—¡Ay, ay! ¡Susan! —gritó Emmett—. ¡Me ha hecho daño otra vez!

Susan dirigió a su hija una mirada feroz. Annie se apartó poco a poco de Emmett y se colocó junto a su padre. Deslizó una mano en la de él. Su padre se mordía el labio y fruncía el entrecejo.

—¿Crees que *Homer* ha aterrizado? —susurró.

—Eso espero —respondió sonriéndole—. A ver, es solo un robot, pero podría enviarnos información realmente útil.

—¡Entrada en la atmósfera! —dijo el operador de control.

Cuando *Homer* —que tenía una forma parecida a una peonza invertida— atravesó la atmósfera de Marte, vieron el brillante chorro de llamas que manaba de él.

La sala prorrumpió en aplausos.

—Punto máximo de calentamiento dentro de un minuto y cuarenta segundos —advirtió el controlador—. Posibilidad de pérdida de la emisión a causa del plasma. —Dio la impresión de que el ambiente de la sala se cargaba de tensión de manera automática, como si todos los presentes contuvieran al mismo tiempo la respiración.

—¡Apagón a causa del plasma! —gritó el controlador—. ¡Tenemos apagón a causa del plasma! Esperamos recuperar la señal dentro de dos minutos.

Annie apretó la mano de su padre.

Él le devolvió el apretón.

—No te preocupes —dijo—. A veces ocurre. Se debe a la fricción con la atmósfera.

Todos observaban fijamente el reloj de la pared, a la espera de recuperar la conexión. Pasaron dos minutos, tres, cuatro. La gente comenzó a susurrar y el nerviosismo se hacía cada vez más evidente en la sala.

—No estamos recibiendo ninguna señal de *Homer* —informó el controlador. Las pantallas que mostraban el descenso del robot también se habían congelado—. ¡Hemos perdido la señal de *Homer*! —exclamó el controlador, y por toda la sala comenzaron a parpadear luces rojas.

—¿Qué está pasando? —susurró Annie.

Su padre negó con la cabeza.

—Esto sí me preocupa —respondió—. Es posible que el sistema de comunicación de *Homer* se haya derretido durante la entrada.

—¿Quiere eso decir que ha muerto? —preguntó Emmett en voz alta. Varios de los allí presentes se volvieron hacia él y le dirigieron una mirada desafiante.

El controlador se había quitado los cascos y se frotaba la frente con gesto de abatimiento. Si *Homer* había perdido el sistema de comunicación, no tenían forma de saber qué había sido de su inteligente robot. Tal vez hubiera aterrizado o tal vez se hubiera estrellado. Era posible que encontrara pruebas de vida en Marte, pero nadie en la Tierra lo sabría jamás, porque *Homer* no podría enviarles una señal para comunicárselo.

—¡El satélite de observación en Marte no detecta ni rastro de *Homer*! —gritó alguien con tono de pánico—. El satélite de observación no logra localizarlo. Ha desaparecido de todos los sistemas.

Pero entonces, tan solo unos segundos más tarde, *Homer* hizo su aparición.

—¡Tenemos señal! —exclamó otro hombre al tiempo que su ordenador daba de nuevo señales de vida—. *Homer* se acerca a la superficie de Marte. *Homer* despliega su paracaídas.

En la pantalla de televisión vieron hincharse un paracaídas por detrás de *Homer* mientras el pequeño robot caía balanceándose sobre la superficie del planeta rojo.

—Las patas de aterrizaje de *Homer* están listas para el aterrizaje. ¡Ha aterrizado! Ha llegado a la región polar norte de Marte.

Algunos gritaron de alegría, pero Eric guardó silencio. Parecía desconcertado.

—Es una buena noticia, ¿verdad? —susurró Annie a su padre—. *Homer* está bien.

—Es buena, pero extraña —respondió Eric frunciendo el entrecejo—. No tiene ningún sentido. ¿Cómo es posible que *Homer* perdiera por completo la señal durante tanto tiempo y después la recuperara? ¿Y por qué no aparecía en el satélite de observación? Es como si hubiera desaparecido durante varios minutos. Es muy extraño. Me pregunto qué estará sucediendo en estos momentos...

—Y bien —dijo George, ahora tumbado en la rama—, ¿qué tiene que ver todo esto con los extraterrestres?

—Nada —respondió Emmett desde abajo—. Annie no se da cuenta de que fue tan solo un fallo técnico habitual y que lo está exagerando.

—Dices eso porque no conoces el resto de la historia —repuso Annie con tono de misterio—. No sabes lo que pasó después.

—¿Qué? —preguntó Emmett—. ¿Y qué pasó después?

—No es una historia para lloricas y chivatos —respondió Annie con tono solemne—. Es solo para mayores, así que ¿por qué no entras en casa y creas algún código informático mientras hablo con mi amigo?

—¿Sabes hacer eso? —preguntó George—. ¿De verdad sabes hacer códigos informáticos?

—¡Oh, sí! —respondió Emmett con entusiasmo—. Sé hacer cualquier cosa que tenga que ver con ordenadores. Soy el mago de los códigos. Pedí trabajo en una compañía de software hace unos meses... les mandé algo más de información sobre una versión en línea de mi simulador de transbordador espacial. Iban a ofrecerme el trabajo, pero entonces descubrieron que tengo solo nueve años. Así que no me lo dieron.

—¿Es que eres un genio, o algo así? —preguntó George.

—Pues sí —contestó Emmett con satisfacción—. Si quieres puedes probar mi simulador. Y sabrás lo que se siente a bordo de una nave espacial. Es muy chulo. Si me contáis la historia de los extraterrestres os dejaré jugar con él a los dos.

—No queremos jugar con él —respondió Annie mientras George pensaba que le encantaría probarlo—. ¡Así que piérdete!

Al pie del árbol, Emmett rompió a sollozar justo en el momento en que Susan y Eric salían a la galería.

—¡Hora de bajar del árbol! —gritó Susan—. Los tres a cenar.

Capítulo cinco

George se sentía tan cansado después de su largo viaje que estuvo a punto de quedarse dormido mientras se cepillaba los dientes. Entró tambaleándose en la habitación que compartía con Emmett, que estaba jugando con su ordenador, lanzando naves espaciales en el simulador.

—Oye, George, ¿quieres probar el transbordador? Mira, es como uno de verdad. He introducido los comandos de tiempo y te dice todo lo que está pasando.

—H menos siete minutos —dijo una voz robótica procedente del ordenador—. Brazo de acceso del orbitador retraído.

George estaba tan agotado que apenas podía hablar.

—No, Emmett —respondió—. Creo que será mejor... —Y se quedó dormido con la cuenta atrás del lanzamiento de la nave.

Los comandos del lanzamiento del transbordador debieron de colarse en el cerebro de George, pues tuvo un sueño muy extraño. Soñó que estaba en el transbordador, en el asiento del comandante, y que era el responsable de pilotar aquella inmensa nave hasta el espacio. Se sentía como si lo hubieran atado a la punta de un cohete enorme y lo hubieran disparado hacia el cielo. Mientras volaba entre la oscuridad del espacio, creyó ver destellos de las estrellas a través de la ventana del transbordador. En la oscuridad exterior, se veían de repente muy brillantes y cercanas. Una de ellas parecía aproximarse a toda prisa hacia él, iluminando su rostro con una luz resplandeciente, tan intensa y tan cercana que...

George se despertó sobresaltado y en una cama extraña, con alguien que le apuntaba a la cara con una linterna.

—¡George! —dijo la silueta entre dientes—. ¡George! ¡Levántate! ¡Es una emergencia!

Era Annie, en pijama.

—¡Buaaa! —exclamó George, protegiéndose los ojos de la luz mientras Annie tiraba del edredón y lo agarraba del brazo.

—Abajo —ordenó—. En silencio total. ¡Es nuestra única oportunidad de escapar de Emmett! ¡Vamos!

George la siguió a trompicones, la cabeza aún dando vueltas al extraño sueño sobre el transbordador espacial. Bajó de puntillas las escaleras hasta la cocina, donde Annie abrió la puerta y ambos salieron a la galería. La niña iluminó con su linterna un trozo de papel.

—¿Es esto? —preguntó George, parpadeando—. ¿Esto es el mensaje de los extraterrestres? ¿Te lo han mandado en una hoja del cuaderno de la escuela?

—No, tonto —respondió Annie—. Claro que no. ¡Lo conseguí a través de Cosmos! Lo copié de su pantalla.

—¿Cosmos? —exclamó George—. Pero si no funciona.

—¡Ya lo sé! —dijo Annie—. Pero no he terminado de contarte la historia.

El trozo de papel estaba lleno de dibujos. Era algo así:

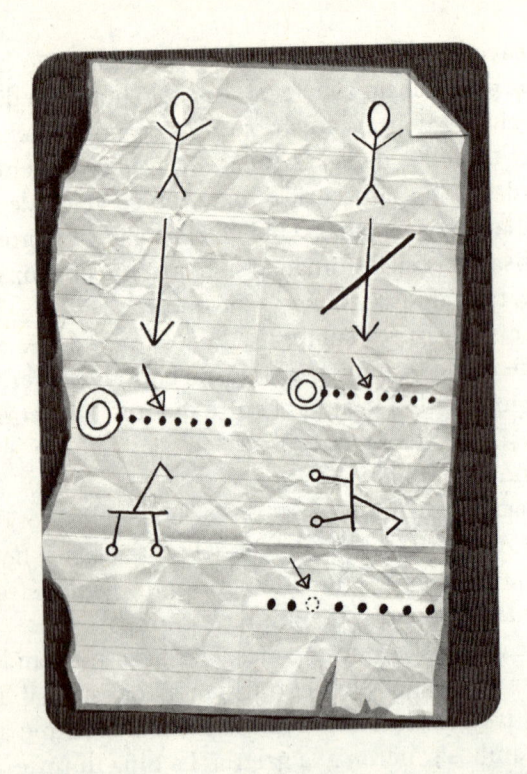

Cuando *Homer* hubo aterrizado en Marte, se suponía que el robot debía empezar a realizar toda clase de tareas inteligentes, como hacer lecturas del tiempo de Marte, buscar agua en las muestras de suelo y demás señales de que allí pudiera existir alguna forma de vida bacteriana.

Pero no lo hizo. Parecía que se hubiera vuelto loco. Se negaba a responder a las señales de la Tierra y tan solo avanzaba en círculos o lanzaba paletadas de barro al aire.

Aunque no respondía a las señales, Homer seguía mandando mensajes, que resultaron ser fotografías de sus ruedas y demás información igualmente inútil. Desde la Tierra veían el robot —aunque solo a veces— a través del satélite de observación que orbitaba alrededor de Marte y les enviaba imágenes. En una ocasión, dijo Annie, mientras su padre observaba a *Homer*, descubrió algo muy extraño en esas imágenes del satélite. Le dijo que si no fuera porque era del todo imposible, habría jurado que *Homer* le hacía gestos con su brazo robótico. Era como si tratara de llamar su atención.

Eric, prosiguió Annie, se estaba poniendo realmente nervioso por todo lo que estaba ocurriendo. Eran muchos quienes querían saber lo que había encontrado *Homer* en Marte y lo que estaba haciendo allí arriba. Sin embargo, hasta ese momento, no podían mostrar nada más que un robot que solo hacía tonterías.

Todo aquello ponía a la agencia Espacial Global en una situación delicada. *Homer* era un robot extremadamente caro y había hecho falta mucha gente para construirlo, lanzarlo y manejarlo. Era una parte importante del nuevo programa espacial, ya que debía abrir camino para que los seres humanos pudieran viajar a otro planeta e instalarse en él. Así pues, el hecho de que pareciera no funcionar como debía significaba que aquellos que no aprobaban el programa espacial o el envío de astronautas al espacio podrían argumentar que todo aquello era una enorme pérdida de tiempo.

Por culpa del mal comportamiento de *Homer*, Eric no recibiría la información que esperaba sobre las posibles pruebas de vida en Marte. Le partía el corazón ver a su robot juguetear por el planeta rojo. Cada día que pasaba parecía más triste. Si *Homer* no empezaba a cooperar pronto tendrían que abandonar la misión, y el robot terminaría convertido en una montaña de metal en un planeta lejano.

Annie no podía soportarlo. Su padre se había entusiasmado a la espera de los descubrimientos de *Homer*. Annie detestaba verlo tan preocupado y se le ocurrió una idea brillante: decidió desempolvar a Cosmos, solo para intentar que volviera a funcionar.

—Me di cuenta de que si recuperábamos a Cosmos —dijo a George bajo el cielo estrellado— podríamos hacer una escapadita a Marte, arreglar el robot y volver a casa sin que nadie se enterara. Si íbamos cuando el satélite de observación estuviera al otro lado del planeta, no nos vería nadie. Aunque tendríamos que andarnos con mucho cuidado para no dejar huellas ni perder nada. Eso sería desastroso.

—Hum —respondió George, aún afectado por su extraño sueño—. ¿Y qué hiciste?

—Saqué a Cosmos de su escondite secreto.

—No sería tan secreto si sabías donde estaba —repuso George.

—Y lo encendí —continuó Annie, sin prestar atención a su comentario.

—¿Y funcionó? —George ya estaba despierto del todo.

—En realidad, no —admitió Annie—. Al menos durante unos segundos no dijo nada. Pero esto es lo que apareció en su pantalla. —Agitó el papel delante de George—. Estaba allí, en serio. Era un mensaje. Comprobé la identificación del remitente y decía: Extraterrestre. Entonces Cosmos se apagó y no pude reiniciarlo.

—¡Uau! —exclamó George—. ¿Se lo dijiste a Eric?

—Claro —respondió Annie—. Intentó encenderlo de nuevo pero no pudo. Le enseñé el mensaje pero no me creyó —añadió haciendo un mohín—. Me dijo que me inventaba historias... Pero estoy segura de que *Homer* nos hace señales porque quiere decirnos algo. Mi padre insiste en que *Homer* no funciona porque tuvo una mala entrada atmosférica y dice que este mensaje, si es que de verdad Cosmos lo recibió, tiene que ver con el hecho de que Cosmos no funciona.

—Pero ¡eso es muy aburrido! —comentó George.

—No, es muy científico. Es como dijo Emmett —admitió Annie—: la mayoría de la gente cree que ahí fuera tan solo hay alguna clase de bacteria, no extraterrestres. Pero yo creo...

—¿Qué crees? —preguntó George, mirando las estrellas.

—Creo que alguien ahí fuera está intentando ponerse en contacto con nosotros —respondió Annie con tono firme—. Creo que alguien está utilizando a *Homer* para atraer nuestra atención y, como no le hacemos caso, ha comenzado a enviarnos mensajes. Solo que no podemos recibirlos porque Cosmos no funciona.

—¿Qué vamos a hacer?

—Tenemos que salir ahí fuera —dijo Annie—, y comprobarlo por nosotros mismos. Pero primero tenemos que arreglar a Cosmos. ¡Necesitamos saber si los extraterrestres nos han enviado algún otro mensaje! Y entonces, tal vez podamos responderles...

—¿Cómo haríamos eso? Quiero decir, ¿cómo podemos mandarles un mensaje que ellos entiendan? Y aunque supiéramos cómo mandarlo, ¿qué les diríamos? ¿En qué lengua? Ellos nos han mandado dibujos, supongo que porque no saben cómo hablar con nosotros.

—Creo que les diremos: «¡Dejad a nuestro precioso robot en paz, pesados extraterrestres!» —respondió Annie con expresión violenta—. «¡Os habéis metido con la civilización equivocada! ¡Buscad a otros!»

—Pero queremos saber quiénes son y de dónde vienen —objetó George—. No podemos decirles que nos dejen en paz y quedarnos sin saber quién mandó el mensaje.

—¿Qué te parece: «Venid en son de paz y después marchaos a vuestra casa»? —propuso Annie—. Así sabremos quiénes son pero les diremos que si tienen malas intenciones no pueden venir a la Tierra.

—Ah, ¿sí? ¿Y quién lo impedirá? —preguntó George—. Podría ser que aterrizaran aquí y que fueran máquinas gigantes y espantosas que nos aplastarían contra el suelo, como hacemos nosotros con las hormigas.

—O también podría ser —respondió Annie, sus ojos iluminados por la linterna— que fueran diminutos, como bacterias que se retuercen bajo un microscopio. Solo que no saben lo grandes que somos y que puede que nosotros ni siquiera los veamos llegar.

—Quizá tengan catorce cabezas y les chorree la baba por la boca —dijo George con tono sombrío—. ¡Entonces sí los veríamos!

Oyeron un crujido seguido de pasos por las escaleras. Eric, con cara de sueño, salió a la galería.

—¿Qué está pasando aquí? —preguntó un tanto enfadado.

—George no podía dormir —respondió Annie sin pensarlo—. Es por culpa del desfase horario. Así que yo, esto... Le he traído un vaso de agua.

—Hum... —murmuró Eric, que tenía el pelo muy alborotado—. Volved los dos a la cama.

George entró sin hacer ruido en la habitación y se metió en la cama, no sin antes quitarle a Annie la linterna. Se había desvelado, de modo que sacó su ejemplar de la *Guía útil* y buscó el capítulo «Cómo hablar con los extraterrestres».

GUÍA ÚTIL PARA CONOCER EL UNIVERSO

EN CONTACTO CON EXTRATERRESTRES

Si los extraterrestres están realmente ahí fuera, ¿llegará el día en que los conoceremos?

Las distancias entre las estrellas son asombrosamente grandes, de modo que aún no podemos estar seguros de que algún día tenga lugar un encuentro cara a cara (¡suponiendo que los extraterrestres tengan cara!). Sin embargo, aunque ellos nunca visiten nuestro planeta ni reciban una visita de nuestra parte, aún es posible que lleguemos a conocernos. Hasta podríamos llegar a hablar.

Una forma de conseguirlo es mediante las señales de radio. A diferencia del sonido, las ondas de radio pueden desplazarse a través de los espacios vacíos que hay entre las estrellas. Y se desplazan a la mayor velocidad posible: la velocidad de la luz.

Hace casi cincuenta años, unos científicos descubrieron qué sería necesario para enviar una señal de un sistema estelar a otro. Les sorprendió descubrir que la conversación interestelar no requeriría una tecnología superavanzada como suele mostrarse en las películas de ciencia ficción. Es posible enviar señales de radio de un sistema solar a otro con la clase de equipamiento de radio que somos capaces de construir hoy en día. Así pues, los científicos se alejaron de sus pizarras y se dijeron: «Si es tan sencillo, hagan lo que hagan los extraterrestres, no cabe duda de que estarán utilizando señales de radio para comunicarse a grandes distancias». Los científicos se dieron cuenta de que sería una idea del todo lógica volver algunas de nuestras grandes antenas hacia el cielo para intentar captar señales extraterrestres. Al fin y al cabo, el descubrimiento de una transmisión alienígena demostraría al instante que hay alguien ahí fuera, evitándonos el gasto de enviar cohetes a sistemas estelares lejanos con la esperanza de descubrir un planeta poblado.

GUÍA ÚTIL PARA CONOCER EL UNIVERSO

Lamentablemente, este experimento de entrometernos en las conversaciones alienígenas, de nombre SETI (la búsqueda de inteligencia extraterrestre) aún no ha logrado obtener ni un solo sonido fiable del exterior. Las bandas de radio han permanecido tristemente silenciosas allí donde hemos buscado, salvo por la radiación natural que causan objetos como los quásares (los centros giratorios de alta energía de algunas galaxias) o los púlsares (estrellas de neutrones que giran a gran velocidad).

¿Significa esto que no existen alienígenas inteligentes capaces de construir transmisores de radio? Este sería un descubrimiento sorprendente, ya que estamos seguros de que hay al menos un millón de millones de planetas en nuestra galaxia de la Vía Láctea y ¡hay 100.000 millones de galaxias distintas! Si no hay nadie ahí fuera, somos tremendamente especiales y estamos terriblemente solos.

Pues bien, como te dirían los investigadores del SETI, es demasiado pronto para concluir que no tenemos compañía entre las estrellas. Al fin y al cabo, si pretendemos escuchar una transmisión de radio alienígena no solo tenemos que dirigir nuestras antenas en la dirección correcta, sino que también debemos sintonizar el punto justo en el dial, tener un receptor lo bastante sensible y estar escuchando en el momento adecuado. Los experimentos del SETI son como buscar un tesoro enterrado sin la ayuda de un mapa. Así pues, el hecho de que no hayamos encontrado nada todavía no nos sorprende. Se podría comparar con hacer un par de agujeros en una isla del Pacífico Sur y no encontrar más que arena húmeda y unos cuantos cangrejos. No por ello llegamos a la conclusión de que no hay ningún tesoro enterrado.

Por fortuna, los nuevos radiotelescopios aceleran nuestra búsqueda de señales y es posible que dentro de unas cuantas docenas de años podamos oír débilmente una transmisión de otra civilización.

GUÍA ÚTIL PARA CONOCER EL UNIVERSO

¿Qué podrían decirnos? Bueno, evidentemente, no es más que una suposición, pero hay algo que los extraterrestres seguro que saben: más vale que sea un mensaje largo, porque la conversación rápida es, sencillamente, imposible. Por ejemplo, imagina que los extraterrestres más cercanos estén en un planeta alrededor de una estrella que se encuentra a mil años luz de distancia. Si captamos una señal procedente de ellos mañana, habrá tardado mil años en llegar hasta nosotros. Será un mensaje antiguo, pero no pasa nada. Al fin y al cabo, si lees a Sófocles o a Shakespeare, esos también son mensajes «antiguos», pero no por ello dejan de ser interesantes.

Sin embargo, si decidimos responder, nuestra respuesta a los alienígenas tardará mil años más en llegar hasta ellos, ¡y habrán de pasar otros mil hasta que recibamos de nuevo su respuesta! En otras palabras, incluso un simple «Hola» y su respuesta alienígena «¿Zork?» tardaría veinte siglos. Así pues, aunque la comunicación por radio es mucho más veloz que ir hasta allí en cohetes para un breve saludo, solo podremos mantener conversaciones muy relajadas. Esto sugiere que los alienígenas tal vez nos manden libros y más libros con información sobre ellos y su planeta, conscientes de que no podremos charlar a menudo.

GUÍA ÚTIL PARA CONOCER EL UNIVERSO

Pero, aunque lo hagan, aunque nos manden la *Enciclopedia extraterrestre*, ¿podremos leerla? La verdad es que, a diferencia de lo que sucede en las películas y en la televisión, los extraterrestres no conocerán ninguna de las lenguas que se hablan en la Tierra. Tal vez utilicen imágenes o incluso las matemáticas para hacer su mensaje comprensible, pero no lo sabremos a menos que lleguemos a captar alguna señal.

No importa lo que nos manden, la detección de un chirrido procedente de un mundo lejano ya sería una gran noticia. Imagina lo que pasó, hace cinco siglos, cuando los exploradores descubrieron que había continentes enteros, llenos de gente, desconocidos en Europa. El descubrimiento del Nuevo Mundo lo cambió todo.

Hoy en día hemos cambiado los veleros de madera de aquellos primeros exploradores por antenas gigantescas de aluminio y acero. Es posible que en un día no muy lejano nos revelen algo extraordinariamente interesante: que en las enormes extensiones del espacio, los humanos no son los únicos que observan el Universo.

Y los jóvenes de hoy puede que sean los que estén allí para escuchar... y para responder. Es decir, ¡podrías ser tú!

Seth

Capítulo seis

A la mañana siguiente, durante el desayuno, a George le pesaban los párpados y se sentía algo confuso por tomar el desayuno a la hora en que normalmente estaría almorzando. Sin embargo, aquello no era nada comparado con lo que Annie le había revelado la noche anterior. No sabía qué pensar sobre lo que le había contado.

En el pasado, George no la había creído: cuando conoció a Annie y le dijo que viajaba alrededor del Sistema Solar, se había reído de ella y le había dicho que mentía. Sin embargo, al final había resultado ser cierto, de modo que ahora se preguntaba si aquella nueva historia sería verdad o no.

Le preocupaba que, según Annie, Eric no se tomara en serio el mensaje de los extraterrestres. Por otro lado, si aquella historia lo podía llevar de viaje por el espacio, solo para echar un vistazo, George sentía que quizá debiera creerse la versión de Annie. Cualquier cosa con tal de volver a viajar por el cosmos, ¡aunque solo fuera para buscar en vano alguna forma de vida alienígena!

De repente, Susan dijo:

—He pensado que hoy podríamos enseñarle el vecindario a George. Podríamos dar una vuelta y tal vez ir hasta la playa.

Annie parecía afligida.

—¡Mamá! —protestó—. George y yo tenemos cosas que hacer.

—Y yo tengo que trabajar en mis teorías sobre la paradoja de la pérdida de información —añadió Emmett con expresión avinagrada—. Aunque a nadie parezca importarle.

—No digas tonterías —dijo Susan con firmeza—. George ha hecho un largo viaje para vernos y no podemos esperar que se pase el día subido a un árbol, charlando contigo todo el tiempo. —Sonó el teléfono y Susan descolgó—. George, es para ti —dijo, y le pasó el auricular.

—¡George! —exclamó la voz de su padre, que sonaba como si gritara desde un lugar muy lejano—. ¡Solo quería decirte que ya hemos llegado a Tuvalu! Estamos a punto de subir al barco que nos llevará a los atolones. ¿Qué tal va todo por Florida?

—¡Muy bien! —respondió George—. Estoy con Eric, Susan, Annie, y un niño que se llama Emmett, que es...

Pero la comunicación se interrumpió y George le pasó el auricular a Susan.

—Estoy segura de que volverá a llamar —dijo—. Tus padres saben que estás bien. ¡Ahora saldremos a dar un paseo y nos lo pasaremos en grande!

Annie miró a George con inquietud porque sabía que no tenían otra opción. Su madre había planeado llevarlos al parque de atracciones, a la piscina, a una reserva de delfines, a la playa. Pasaron las mañanas y las tardes de varios días fuera de casa. No tuvieron oportunidad de sacar a Cosmos de su escondite para trabajar con él. Y con Emmett pisándoles los talones a cada momento, apenas tenían ocasión de mirar el mensaje extraterrestre de Annie; tan solo pudieron hacerlo en una ocasión, cuando se encerraron en el baño a estudiar el trozo de papel.

—Esto es una persona —dijo Annie—. Y esta flecha debe de significar que la persona va a algún sitio. Pero ¿adónde?

—Hum, la persona va a... —respondió George—. Una serie de puntos pequeños que se mueven alrededor de otro más grande. ¡Lo tengo! ¿Y si los puntos son los planetas en órbita alrededor del Sol, que está en el centro? La flecha señala el cuarto punto, lo que significa que la persona se dirige al cuarto planeta desde el Sol, que es...

—¡Marte! —exclamó Annie—. ¡Lo sabía! Hay una conexión con *Homer*. Este mensaje nos dice que tenemos que ir a Marte y...

—Pero ¿qué significa el resto? —preguntó George—. ¿Qué quiere decir todo esto, una persona con una flecha tachada?

—Tal vez eso es lo que suceda si la persona no va a Marte.

—Si la persona no va a Marte —prosiguió George, observando la columna—, entonces este insecto palo tan raro se cae.

—Este insecto palo tan raro... —dijo Annie—. ¿Y si se trata de *Homer*? Si la persona no va a Marte, quizá le suceda algo terrible. ¡Tenemos que ir allí a salvar a *Homer*! ¡Es muy importante!

—Escucha, Annie —comenzó George con precaución—, sé que tu padre está preocupado por *Homer*, pero no es más que un robot. Podrían mandar otro. No estoy seguro de que estos mensajes prueben nada.

—Mira la última línea —respondió Annie con voz espeluznante—, y muérete de miedo.

—Si la persona no va a Marte y no salva a *Homer*, entonces... —dijo George.

—El fin de la Tierra —concluyó Annie.

—¡¿El fin de la Tierra?! —gritó George.

—El fin de la Tierra —confirmó Annie—. Eso es lo que significa el mensaje. Tenemos que ir a Marte a salvar a *Homer* porque si no lo hacemos a nuestro planeta le sucederá algo espantoso.

—Tenemos que decírselo a tu padre —dijo George preocupado.

—Ya lo he intentado —respondió Annie—. Inténtalo tú.

En ese momento alguien golpeó la puerta del baño.

—¡Salid ya! —gritó Emmett—. ¡Es inútil que opongáis resistencia!

—¿Me dejas que le meta la cabeza en el váter y tire de la cadena? —preguntó Annie.

—¡No! —chilló George—. No te dejo. No es mal chico. En realidad, si te molestaras en hablar con él, te darías cuenta de que es muy agradable...

Emmett golpeó de nuevo la puerta.

Por fin la madre de Annie decidió que a todos les iría bien pasar un día relajado en casa. Al día siguiente tendría lugar el plato fuerte de la visita de George: ¡Eric había conseguido billetes para ver el lanzamiento del transbordador espacial! Irían a la plataforma de lanzamiento para observar cómo aquella poderosa nave despegaba de la Tierra. Incluso Emmett estaba entusiasmado. No dejaba de murmurar para sí las órdenes del transbordador y algunos hechos sobre la velocidad orbital.

George y Annie también estaban emocionados, aunque por razones distintas. A George le fascinaba la idea de un cohete gigantesco que proporcionaba al transbordador la energía necesaria para salir disparado hacia el espacio. En el pasado, él había cruzado la puerta de Cosmos para viajar por el espacio, ¡y en ese momento estaba a punto de presenciar cómo una nave de verdad comenzaba su fantástico viaje!

En cuanto a Annie, bullía en secreto de ilusión por el lanzamiento.

—Mi plan está saliendo bien —susurró a George—. ¡Descubriremos a los extraterrestres! ¡Sé que lo haremos! —Annie se negó a explicar a George cómo pretendía conseguirlo, lo cual resultaba un poco irritante. Cuando el niño se lo preguntó, ella miró a lo lejos y respondió—: Forma parte del plan. Cuando tengas que saberlo, te lo diré. Por ahora, tendrás que confiar en mí. —A George le fastidiaba su actitud y prefería mil veces hablar con Emmett cuando ella se ponía tan misteriosa.

Aun así, cuanto más insistía Annie en convertirse en una agente secreta al mando de una misión extraterrestre, más vueltas le daba George al mensaje extraterrestre y se preguntaba qué quería decir y de dónde había llegado. Intentó hablar con Eric pero no llegó muy lejos.

—George —comenzó Eric con gran paciencia—, lo siento pero no creo que una forma de vida alienígena malvada esté manipulando a mi robot ni que quiera destruir la Tierra. Así que déjalo, por favor. Tengo otras cosas en la cabeza. Como, por ejemplo, enviar otro robot a Marte para que haga el trabajo que debería haber hecho *Homer*. Es un momento terrible para quienes trabajamos en la agencia Espacial Global. No todo el mundo está tan entusiasmado con los viajes espaciales como tú y Annie. Hay gente que no cree que tengan la menor utilidad.

—Pero ¿y todos los inventos que nos han llegado del espacio? —preguntó George enfadado—. Si no hubiéramos viajado al espacio hay muchas cosas que no conoceríamos en la Tierra.

INVENTOS ESPACIALES

Hay muchas cosas que utilizamos en la Tierra que han sido mejoradas o se han desarrollado gracias a los avances en tecnología espacial. Aquí aparecen tan solo unos cuantos ejemplos:

- ★ purificación del aire
- ★ gafas de esquí antiniebla
- ★ bombas de insulina automáticas
- ★ tecnología para el análisis óseo
- ★ mejoras en el sistema de freno de los coches
- ★ instrumental para la cirugía de cataratas
- ★ palos de golf de material compuesto
- ★ revestimiento de protección contra la corrosión
- ★ aspiradores
- ★ sistemas de predicción de terremotos
- ★ aire acondicionado con ahorro de energía
- ★ materiales resistentes al fuego
- ★ detectores de fuego/llamas
- ★ televisiones de pantalla plana
- ★ embalaje de alimentos
- ★ tecnología de liofilización
- ★ baterías de alta densidad
- ★ sistemas de seguridad doméstica
- ★ mejoras en los sistemas de imágenes utilizando RM, (resonancias magnéticas)
- ★ detección de intoxicación por plomo
- ★ circuitos miniaturizados
- ★ disminución del ruido
- ★ sistemas para medir la polución
- ★ sistemas de rayos X portátiles
- ★ marcapasos programables
- ★ ropa de protección
- ★ detectores de fugas radioactivas
- ★ manos robóticas
- ★ navegación por satélite
- ★ diseño mejorado de autobuses escolares
- ★ cristales resistentes a arañazos
- ★ tratamiento de aguas residuales
- ★ cascos amortiguadores de golpes
- ★ monitores de chimenea
- ★ sistemas de energía solar
- ★ servicios de aviso de tormentas (radar Doppler)
- ★ neumáticos de invierno sin clavos
- ★ sistemas de depuración de piscinas
- ★ tubos de pasta de dientes

—Además —continuó Eric con amabilidad—, aunque consiguiéramos hacer funcionar a Cosmos, después de todo por lo que ha pasado ese ordenador, no creo que sea seguro utilizar el portal. ¿Qué pasaría si se estropeara cuando alguien estuviera en el espacio y no pudiéramos iniciarlo a tiempo para rescatarlo? *Homer* es solo un robot, George. El riesgo no merece la pena.

—Pero ¿qué me dices del final del mensaje? —insistió George—. La Tierra aparece tachada.

—Lo más probable es que lo haya enviado algún tipo raro —respondió Eric—. Hay muchos por el mundo. No pienses más en ello. Encontraré el modo de arreglar a *Homer*... espero. Y el planeta está a salvo, al menos durante unos cuantos miles de millones de años, cuando nuestro Sol llegue al final de su vida. Que no cunda el pánico.

—¡Por fin! —gritó Annie cuando su padre se fue a trabajar, su madre salió unos minutos y Emmett parecía absorto en su simulador en línea—. Podemos trabajar en la Operación Forma de Vida Alienígena. No tenemos mucho tiempo. Y debemos conseguir que Cosmos funcione antes de mañana. Es fundamental. ¡Vamos, George! —exclamó, y corrió escaleras arriba en dirección a la habitación de sus padres.

George la siguió, refunfuñando tras ella.

—¿Piensas decirme qué vamos a hacer? —preguntó desde fuera de la habitación de los padres de Annie—. Estoy harto de que me digas: «Te lo contaré cuando sea necesario que lo sepas, y aún no lo es». Vine hasta aquí porque me dijiste que necesitabas mi ayuda, y hasta ahora no me has dicho casi nada sobre tu plan.

Annie salió de la habitación de sus padres sonriente, sosteniendo una caja de metal.

—Lo siento —susurró—. Pero no quería que le dijeras a Emmett que iríamos al espacio a buscar extraterrestres.

—¡No lo habría hecho! —respondió George, herido por la falta de confianza de Annie.

Annie avanzó con dificultad hasta su habitación y dejó la caja de metal encima del escritorio.

—Cosmos está aquí dentro —anunció—. Y yo tengo la llave. —Sacó una llavecita que llevaba colgada al cuello en una cadena, abrió la caja y sacó el ordenador plateado. Volvió a cerrar la caja y la devolvió al armario de la habitación de sus padres.

—¿Cómo conseguiste la llave? —preguntó George cuando Annie regresó.

—La tomé prestada —respondió Annie con tono misterioso—. Después de que sacara a Cosmos y recibiera el mensaje de los extraterrestres, papá decidió guardarlo bajo llave. Pero aún no se ha dado cuenta de que soy muy lista.

—¿O muy tramposa? —preguntó George.

—Como quieras —respondió Annie—. En marcha.

Abrió a Cosmos y lo enchufó. Presionó la tecla ENTER —la clave secreta del Universo— pero no sucedió nada. La volvió a presionar, pero la pantalla seguía apagada.

Entonces, de repente, la puerta de su habitación se abrió levemente y vieron que asomaba una nariz.

—¿Qué estáis haciendo? —preguntó Emmett.

—¡Nada! —gritó Annie, que se incorporó de un brinco para intentar impedir que viera el ordenador. Pero Emmett ya se había colado en la habitación.

—Si no me decís qué estáis haciendo con el ordenador —dijo con astucia— se lo contaré a tus padres.

—¿Y qué les contarás? —preguntó Annie.

—Lo que sea que no queréis que ni ellos ni yo sepamos.

—Pero no sabes qué estoy haciendo —repuso Annie.

—Sí lo sé —dijo Emmett—. Ese es el ordenador que según tú es tan potente. El que no deberías utilizar. Os he estado escuchando, a ti y a George, cuando creíais que no os oía.

—¡Eres un gusano! —gritó Annie abalanzándose sobre él.

—¡Te odio! —chilló él mientras se peleaban.

—¡Yo no quería venir aquí de vacaciones! Quería ir a Silicon Valley con mis padres. ¡Este es el peor verano de mi vida! ¡Así que cerrad el pico de una vez, los dos! —gritó George.

Annie y Emmett se soltaron y miraron con sorpresa a George, por lo general tan educado.

—Ahora escuchadme —añadió—. Os comportáis los dos de forma ridícula. Emmett está pasando unas vacaciones horribles y se aburre muchísimo. Pero eres un genio de los ordenadores, ¿verdad, Emmett?

—Afirmativo —respondió Emmett entre sollozos.

—Y tú, Annie, tienes un problema informático que no sabes solucionar. ¿Por qué no le preguntas a Emmett, con educación, si puede echar un vistazo a Cosmos para ver si puede hacer algo por él? Es posible que él se lo pase bien y que dejemos de pelearnos de una vez, ¿no os parece?

—Bueno —gruñó Annie.

—Muy bien —dijo George—. Annie, explícaselo tú.

Annie señaló el portátil plateado que había sobre su cama.

—Es un ordenador...

—Eso ya lo veo —interrumpió Emmett con cara de pocos amigos.

—... que puede hacer cosas especiales. Como abrirnos puertas a lugares en el espacio —continuó Annie.

Emmett bajó la mirada.

—Lo dudo mucho —respondió.

—No, es verdad —dijo George—. Este ordenador tiene nombre; se llama Cosmos y, cuando funciona, es extraordinario. Eric lo inventó, pero después lo estropeó sin querer el año pasado. Ahora a Eric le hace mucha falta y nosotros necesitamos que tú lo arregles. Emmett, ¿crees que podrías intentarlo?

—¡Voy por mi equipo de emergencias informáticas! —dijo Emmett, que ahora tenía una sonrisa de oreja a oreja. Salió corriendo de la habitación.

—No es tan pesado —dijo George a Annie—. Dale una oportunidad.

—Solo una —murmuró Annie.

Emmett regresó con una colección de hardware, CD y destornilladores de distinto tamaño. Los dispuso en montones ordenados y comenzó a trastear en Cosmos. Los otros dos lo miraban en silencio y se dieron cuenta de que su expresión petulante se desvanecía mientras trabajaba con su viejo amigo. Una arruga le fruncía el entrecejo.

—¡Guau! —exclamó—. ¡Nunca había visto algo así! ¡No creía que se pudiera fabricar un ordenador que yo no lograra entender!

—¿Puedes salvarlo? —susurró Annie.

Emmett parecía desconcertado.

—Este hardware es superguay —respondió—. Y yo que creía que la informática cuántica era solo una teoría. —Siguió revolviendo un rato más, mordiéndose el labio con gesto de concentración.

El ruido de las cigarras del jardín se coló por la ventana de la habitación. De repente, oyeron otro sonido. Había sido muy débil y ninguno de ellos podía estar seguro de haberlo oído realmente.

—¿Eso no ha sido...?

—¡Chissst! —ordenó Annie.

Lo oyeron de nuevo. Un pitido muy flojo. Cuando se acercaron a aquel fantástico ordenador, se dieron cuenta de que se había encendido una lucecita amarilla en uno de los lados. En el centro de la pantalla, que hasta entonces había permanecido oscura, apareció una línea muy delgada.

—¡Emmett! —chilló Annie, abrazándolo con entusiasmo. Emmett se apartó e hizo una mueca—. ¡Lo has conseguido! Voy a intentar hablar con él. —Annie se inclinó hacia la pantalla—. ¡Cosmos, por favor, vuelve! Te necesitamos.

La pantalla parpadeó y a continuación se apagó. Pero entonces Cosmos volvió a pitar... una vez, y otra. Y apareció otra línea horizontal en el centro de la pantalla. La línea culebreó durante unos segundos, se convirtió en un círculo y después desapareció.

—Qué raro —dijo Emmett. Presionó una serie de comandos. Después pulsó varias teclas y se recostó en el respaldo.

Se oyó un zumbido. Y entonces, por fin, Cosmos habló.

—1010111110000010 —dijo.

George y Annie estaban tan pasmados que se quedaron sin habla. No se les había ocurrido pensar que pudieran hacer funcionar a Cosmos pero que no entendieran lo que les dijera.

—11000101001 —prosiguió Cosmos.

Annie tiró de la camiseta de Emmett.

—¿Qué le has hecho? —le preguntó con expresión de pánico—. ¿Dónde está el mensaje alienígena?

—¡Por todas las cuerdas supersimétricas! —exclamó Emmett—. ¡Está hablando en base dos!

—¿Qué es eso? —preguntó George.

—Es una notación posicional en base dos —respondió Emmett—. Es binario, el sistema interno que utilizan todos los ordenadores.

George intentó escribir una orden en la pantalla pero dio un salto hacia atrás cuando Cosmos comenzó a chillar:

—1010001010111010101000101010101011010100000100 10101.

—¿Qué es esto? —preguntó Annie—. ¿Qué le está pasando a Cosmos? ¿Por qué puede hablar pero no entendemos lo que dice?

—¿Así que este ordenador os habla y lo entendéis...? —dijo Emmett lentamente—. Ahora utiliza el sistema subyacente, el que queda por debajo del lenguaje informático. Como si fuera una lengua previa.

—¡1101011! —gritó Cosmos.

—¡Oh, caramba! —exclamó Annie—. ¿Y qué pasa si se ha convertido en un ordenador bebé y ahora solo habla el lenguaje de los bebés?

Cosmos gorjeó y después se rió.

—Podría estar diciéndonos: «gugú, papá, mamá» —continuó Annie.

—Creo que tienes razón —dijo Emmett, quien estaba demasiado ocupado mirando la pantalla como para darse cuenta de que había estado de acuerdo con Annie—. Lo pondré a prueba. Veamos si sabe Basic.

—IR A IR A IR A IR A —dijo Cosmos.

Emmett introdujo un disco en el superordenador.

—Intentaré actualizarlo con algo más potente —dijo—. Algo más reciente. Es como si ahora estuviera en un mundo informático antiguo. Probaré con el Fortran 95.

EL CÓDIGO BINARIO

Nuestro sistema numérico habitual es de base 10. Hay números del 1 al 9 y después el número 1 se desplaza a la siguiente «columna» para mostrar que hay un grupo de «dieces». Después del 99 (9 × 10 más 9 × 1), es necesaria una nueva columna para mostrar las cantidades de 100 (10 × 10); de nuevo para las de 1000 (10 × 10 × 10) después del 999 y así sucesivamente.

En el sistema binario, la base es 2 en lugar de 10, de modo que las columnas representarán múltiplos de 2; es decir: 2, 4 (2 × 2), 8 (2 × 2 × 2), etc... Por consiguiente, el número tres aparece como 11 (1 × 2 más 1 × 1). Y contar del 1 al 10 se convierte en 1, 10, 11, 100, 101, 110, 111, 1000, 1001, 1010.

Los primeros programadores informáticos decidieron utilizar el código binario porque es más sencillo diseñar un circuito con posiciones de «encendido» y «apagado» que otro con muchos estados alternativos. El código binario se basa en el principio de que los primeros ordenadores se fabricaban utilizando sistemas eléctricos que reconocían tan solo las posiciones de encendido y apagado, que podían representarse con un 0 para «apagado» y un 1 para «encendido». De este modo, los cálculos complicados podían traducirse en circuitos de encendido/apagado por todo el ordenador.

—REAL. NO. FIN. HACER —respondió el superordenador.

Emmett volvió a intentarlo y la pantalla de Cosmos se oscureció y sus circuitos zumbaron.

—Está engullendo todos estos discos —dijo Emmett—. Horripilante, ¿verdad?

Al fin Cosmos habló en una lengua que todos entendían.

—¿Qué pasa, colegas? —preguntó.

—¡Cosmos! —gritó Annie entusiasmada—. Has vuelto. ¡Qué alegría! Necesito que abras el portal, lo antes posible. Tengo que echar un vistazo...

—Ya, ya, ya —respondió Cosmos perezosamente.

Entonces intervino George.

—¡Cosmos! —suplicó—. Tenemos un problema muy gordo. Necesitamos que nos ayudes.

—Sí, bueno, quiero estar a mi bola —respondió el ordenador más inteligente del mundo.

—¿Que quieres qué? —preguntó George muy despacio, inclinándose para verlo mejor.

—¡Eh, tú, no mires mi pantalla! —gritó Cosmos de pronto—. No mires, colega, son cosas privadas.

George lo intentó de nuevo.

—Tenemos un problema muy serio... —comenzó.

—¡Cierra el pico! —lo interrumpió Cosmos—. Estoy ocupado. Y no mires mi pantalla, no me mola.

—Cosmos... —susurró Annie con suavidad—. ¿Por qué estás tan enfadado?

—Porque no quiero cascar con estos colgados —respondió—. Pero tú eres guay.

—¡Mola! —dijo Annie—. Pero Cosmos, genio, aquí está chungo el tema. Mi padre está... no sé, como flipando porque parece que alguien se ha cargado su robot.

—¡Qué palo! —exclamó Cosmos, que por fin sonaba interesado.

George y Emmett escuchaban perplejos la conversación de Annie con el ordenador.

—¡Eres el ordenador más molón del mundo! —gritó Annie—. ¿Puedes ayudarnos a descubrir quién está manoseando nuestro robot?

—Sí, vale —respondió Cosmos—. Estoy en ello.

Mientras Cosmos comenzaba a emitir zumbidos, Annie se volvió hacia los dos niños con una sonrisa petulante.

—¡Me ha dicho que soy guay! —exclamó feliz—. Y mirad... —Contuvo la respiración— ¡La puerta al Universo!

La pantalla de Cosmos emitió un pequeño rayo de luz y al otro lado de la habitación dibujó la puerta a través de la cual George y Annie habían entrado una vez en el Universo. La puerta se abrió del todo y tras ella vieron un cielo oscuro tachonado de estrellas que brillaban con mucha más fuerza que vistas desde la Tierra.

Entonces apareció un planeta rojo.

George dio un paso hacia el portal, pero antes de que pudiera acercarse demasiado, la puerta se cerró de golpe en sus narices. De ella colgaba un enorme cartel con la orden «NO PASAR» en letras grandes y torcidas. Todos dieron un respingo cuando comenzó a sonar a todo volumen una música electrónica procedente del otro lado de la puerta.

—Annie, ¿qué está pasando? —preguntó George.

—La verdad es que no estoy segura —respondió—. Pero Cosmos habla como los chicos mayores de mi escuela. Es decir, como lo hacen cuando quieren hacerse los chulos.

—¿Cuántos años tienen esos chicos? —preguntó George.

—Unos catorce, supongo —dijo Annie—. ¿Por qué?

—Porque, al principio —explicó George, que ya entendía lo que pasaba—, Cosmos empezó a hablar como un bebé.

Y Emmett lo hizo avanzar pero no pudo actualizarlo lo suficiente. Eso significa que ahora...

Annie terminó la frase por él:

—Cosmos —dijo con una mezcla de miedo y sorpresa— es un adolescente.

—¿Qué va a decir tu padre? —preguntó George.

—Creo que será mejor que no se lo contemos. Al menos, no por ahora.

Oyeron que se abría la puerta del piso de abajo.

—¡Rápido! —dijo Annie—. Emmett, ¡cierra a Cosmos!

Emmett apagó el ordenador y lo escondieron debajo de la cama de Annie. Un ruido de pasos subió por las escaleras y cuando Eric abrió la puerta de la habitación de Annie vio a los tres niños sentados, mirando un libro escrito por él.

—Me alegra ver que os lleváis tan bien —comentó.

Annie pasó un brazo por los hombros de Emmett.

—Oh, sí. Ahora somos amigos, ¿verdad? —Le dio un leve apretón—. Habla —le susurró al oído.

—Sí, confirmo lo que ha dicho —respondió Emmett de manera mecánica. Aún no se había recuperado de la impresión de ver a Cosmos abrir el portal.

—Muy bien —dijo Eric—. Veo que estáis leyendo uno de mis libros. *La estructura a gran escala del espacio-tiempo*. ¿Qué os está pareciendo?

—Es muy interesante —respondió George con educación, aunque no había entendido ni una sola palabra.

Emmett volvió en sí.

—Has cometido un error en la página ciento treinta y seis —señaló amablemente.

—¿En serio? —preguntó Eric con una sonrisa—. Nadie se había dado cuenta, pero eso no significa que no tengas razón.

—Tengo una sugerencia para corregirlo —respondió Emmett.

Annie gruñó, pero George le dirigió una mirada severa.

—Esto... buen trabajo, Emmett —dijo Annie.

—Muy bien, entonces —dijo Eric lentamente—. Iba a proponeros que saliéramos a tomar un helado. Pero ya que estáis tan concentrados, no quiero molestaros...

—¡Helado! —gritaron Annie y George, levantándose de golpe—. Emmett se quedó sentado en la cama, con los ojos clavados en el libro.

—¡La Tierra llamando a Emmett! —gritó Annie—. ¡Helado! Ya sabes, eso dulce y fresquito que gusta tanto a los niños. ¡Vamos a tomarnos uno!

Emmett alzó la vista, inseguro.

—¿De verdad quieres que vaya? —preguntó.

—¡Sí! —exclamaron Annie y George—. ¡Pues claro!

Capítulo siete

El día siguiente amaneció hermoso y sereno, el día perfecto para salir de viaje por el espacio. Annie despertó a George y a Emmett temprano.

—¡Es el día del transbordador espacial! —chilló al oído de George. El niño gruñó y se cubrió con el edredón—. ¡Arriba, arriba! —gritó, mientras le quitaba el edredón y baileoteaba por la habitación cubierta con él—. ¡Es el día más emocionante de nuestras vidas!

Emmett se había incorporado de golpe en la cama.

—Estoy tan contento que... —Saltó de la cama y corrió al baño.

Annie tomó a George de la mano y tiró de él para que se levantara mientras el niño, aún adormilado, intentaba quitarse la pereza. Emmett entró en la habitación tambaleándose, un poco pálido.

—¡Al árbol! —ordenó Annie—. ¡Ahora! Tenemos que hacer planes.

Todavía en pijama, los tres bajaron las escaleras y salieron a la galería. George trepó al árbol y Annie lo siguió con rapidez, y Emmett se quedó allí de pie, con expresión de desamparo.

—Vamos, Emmett —dijo Annie—. ¡Sube!

—No puedo —respondió Emmett con abatimiento.

—¿Por qué no?

—Porque nunca he subido a un árbol —admitió—. No sé cómo hacerlo.

—¡Oh, por favor! —exclamó Annie—. ¿Qué has hecho todo este tiempo?

—Crear programas informáticos —respondió Emmett con tristeza—. Siempre solo.

Annie soltó un sonoro suspiro pero George se deslizó con un movimiento ágil, agarró a Emmett y lo levantó. Lo empujó hacia arriba y Annie tiró de él, y entre algunos gritos y rasguños lograron subir al niño a una rama gruesa. Emmett miraba hacia abajo con expresión nerviosa.

—Venga —dijo Annie con firmeza—, hoy vamos a vivir una gran aventura. Tenemos que ser valientes y decididos. Y con un poco de suerte salvaremos el planeta Tierra. Así que nada de llantos, ni de quejas, ni de ir corriendo a mi madre. ¿Lo has entendido, Emmett?

Emmett asintió mientras se sujetaba con todas sus fuerzas a la rama.

—Sí, Annie —dijo con docilidad.

—Ahora eres nuestro amigo. Si tienes algo que decir, nos lo dices a George o a mí, no corras a refugiarte en un adulto.

—Sí, Annie —respondió, y le dirigió una débil sonrisa—. Nunca había tenido un amigo.

—Bueno, pues ahora tienes dos —dijo George.

—Y te necesitaremos —agregó Annie—. Eres superimportante para nuestro plan, Emmett. No nos decepciones.

VUELO ESPACIAL TRIPULADO

¡EL *ÁGUILA* HA ATERRIZADO!

Este es el mensaje que el astronauta estadounidense Neil Armstrong envió desde la Luna a los controladores de la misión en Houston, Texas, Estados Unidos, el 20 de julio de 1969. El *Águila* era el módulo lunar, que se había separado de la nave Columbia, en órbita a unos 95 kilómetros por encima de la superficie lunar. Mientras el astronauta Michael Collins permanecía a bordo del *Columbia*, el Módulo de Excursión Lunar tomó tierra en una zona llamada el Mar de la Tranquilidad, pero en la Luna no hay agua, ¡de modo que no salpicó al alunizar! Neil Armstrong y Buzz Aldrin, los dos astronautas que iban a bordo del *Águila*, se convirtieron en los primeros humanos en visitar la Luna.

El astronauta Armstrong fue el primero en salir de la cápsula y pisar la Luna (con el pie izquierdo). Buzz Aldrin lo siguió y echó un vistazo alrededor —a un cielo totalmente negro, los cráteres producidos por impacto, las capas de polvo lunar— y comentó: «Qué espléndida desolación». Como les habían ordenado, se apresuraron a guardarse rocas lunares y polvo en los bolsillos, para tener algunas muestras de la Luna aun en caso de que tuvieran que marcharse a toda prisa.

De hecho, permanecieron casi un día entero en la Luna y recorrieron cerca de un kilómetro a pie. Este épico viaje del *Apolo 11* sigue siendo uno de los más inspiradores viajes hacia lo desconocido que el hombre haya emprendido jamás, y tres cráteres al norte del Mar de la Tranquilidad llevan ahora el nombre de los astronautas de aquella misión: Collins, Armstrong y Aldrin.

Paseo por la Luna

Incluyendo el *Apolo 11*, un total de doce astronautas han caminado sobre la Luna. Todas las misiones entrañaron peligros, como quedó demostrado en la misión *Apolo 13* de abril de 1970, cuando una explosión a bordo del módulo de servicio implicó que no solo los astronautas sino también mucha gente desde aquí tuvieran que hacer esfuerzos heroicos para devolver la nave a salvo a la Tierra.

Todos los astronautas Apolo —entre ellos los de la angustiosa misión número 13—, regresaron sanos y salvos. Los astronautas son especialistas muy cualificados con experiencia en aviación, ingeniería y ciencia. No obstante, lanzar y dirigir una misión espacial requiere de gente con gran variedad de aptitudes. Las misiones Apolo, como todas las misiones espaciales antes y después de ellas, fueron el resultado del trabajo conjunto de decenas de miles de personas que crearon y manejaron el complejo hardware y software.

Las misiones Apolo también sirvieron para recoger más de 380 kilos de material lunar para analizarlo en la Tierra. Esto permitió que los científicos de nuestro planeta obtuvieran un conocimiento mucho mayor de la Luna y de su relación con la Tierra.

La última misión a la Luna fue la del *Apolo 17*, que aterrizó en los montes Taurus-Littrow el 11 de diciembre de 1972 y permaneció allí durante tres días. Cuando estaban a 29.000 kilómetros de la Tierra, la tripulación del *Apolo 17* tomó una fotografía de toda la Tierra, completamente iluminada. Esta fotografía recibió el nombre de «la Canica Azul» y debe de ser la más distribuida de la historia. Desde entonces, ningún ser humano ha estado lo suficientemente lejos de la Tierra como para tomar una fotografía como esa.

El primer hombre en el espacio

Las misiones Apolo no fueron las primeras en llevar al hombre al espacio. El cosmonauta soviético Yuri Gagarin, quien orbitó la Tierra el 12 de abril de 1961 en la nave *Vostok*, fue el primer hombre en viajar al espacio.

Seis semanas después del histórico logro de Gagarin, el presidente estadounidense John F. Kennedy anunció que quería mandar a un hombre a la Luna en los siguientes diez años, y la recién creada NASA —la Administración Nacional de Aeronáutica y del Espacio— se puso a trabajar para intentar igualar el programa espacial tripulado ruso, pese a que en aquellos momentos la NASA tenía tan solo 16 minutos de experiencia en vuelos espaciales. ¡La carrera espacial —para ser los primeros en llegar a la Luna— había comenzado!

VUELO ESPACIAL TRIPULADO (cont.)

Mercurio, Géminis y los paseos espaciales

El proyecto Mercurio, un programa estadounidense de un solo astronauta, fue diseñado para comprobar si los seres humanos podían sobrevivir en el espacio. En 1961, el astronauta Alan Shepard se convirtió en el primer estadounidense en llegar al espacio tras un vuelo suborbital de quince minutos, y al año siguiente, John Glenn se convirtió en el primer astronauta de la NASA en orbitar la Tierra.

A continuación llegó el proyecto Géminis, de la NASA. Se trataba de un proyecto muy importante ya que mostraba a los astronautas cómo acoplar vehículos en el espacio. También les permitía practicar operaciones como los paseos espaciales, también llamados EVA (Actividad Extra Vehicular). Sin embargo, el primer paseo espacial lo realizó un cosmonauta ruso, Alexei Leonor, en 1965. Pero, los rusos no llegaron a la Luna; este honor recayó en Estados Unidos, país que lo logró en 1969.

Las primeras estaciones espaciales

Cuando hubo terminado la carrera por llegar a la Luna, mucha gente perdió interés en los programas espaciales. Sin embargo, tanto rusos como estadounidenses seguían teniendo planes ambiciosos. Los rusos estaban trabajando en un programa llamado Almaz (o Diamante). Se habían propuesto tener una estación espacial tripulada en órbita alrededor de la Tierra. Tras un fracasado primer intento, las versiones siguientes, *Salyut 3* y más tarde *Salyut 5*, fueron más exitosas aunque ninguna de las dos duró mucho más de un año.

Los estadounidenses desarrollaron su propia versión, *Skylab*, una estación espacial que estuvo en órbita ocho meses en 1973. Llevaba a bordo un telescopio para observar el Sol. Regresaron con imágenes solares, entre ellas, imágenes de rayos X de las erupciones solares y de los puntos oscuros del Sol.

Un apretón de manos en el espacio

A mediados de 1970, la URSS y EUA estaban inmersos en la llamada Guerra Fría: no estaban realmente en guerra, pero se detestaban y desconfiaban el uno del otro. Pero, en el espacio comenzaron a trabajar juntos. En 1975, el proyecto Apolo-Soyuz fue testigo del primer «apretón de manos» entre las dos superpotencias enfrentadas. *Apolo*, la nave estadounidense, se acopló a *Soyuz*, la soviética, y el astronauta de Estados Unidos y el cosmonauta ruso —que en la Tierra habrían tenido difícil conocerse en persona—, se estrecharon las manos.

El transbordador

El transbordador espacial era una nueva clase de nave espacial. A diferencia de las naves anteriores, este era reutilizable y estaba diseñado para volar al espacio como un cohete pero también para planear de regreso a la Tierra y aterrizar como un avión, en una pista. El transbordador también se diseñó para llevar al espacio cargamento además de astronautas. El primer transbordador estadounidense —el *Columbia*— fue lanzado en 1981.

La EEI

En 1986, los rusos lanzaron la estación espacial Mir, que significa «mundo» o «paz».

La Mir fue la primera estación grande y sofisticada en orbitar alrededor de la Tierra. La construyeron en el espacio a lo largo de 10 años y fue diseñada como un «laboratorio espacial» para que los científicos pudieran realizar experimentos en un entorno sin apenas gravedad. La Mir tenía el tamaño de seis autobuses y estuvo ocupada por entre 3 y 6 astronautas cada vez.

La **Estación Espacial Internacional** (EEI) se comenzó a construir en el espacio en 1998. Esta instalación de investigación orbita el globo cada 90 minutos y se ha convertido en un símbolo de la cooperación internacional que cuenta con la participación de científicos y astronautas de muchos países que la manejan y pasan tiempo en ella. La EEI tiene a su disposición el transbordador espacial de la NASA, la nave *Soyuz* rusa y los Vehículos de Transporte Automatizado de la agencia Espacial Europea. La tripulación también dispone de varios vehículos de emergencia de forma permanente, ¡por si necesitan salir a toda prisa!

El futuro

En 2010 el transbordador espacial dejará de funcionar y la EEI recibirá suministros y tripulación de la nave rusa *Soyuz* y de la *Progress*.

La NASA está desarrollando una nueva clase de nave espacial llamada *Orion*, con la esperanza de que nos lleve de nuevo a la Luna y tal vez más allá: a Marte, el planeta rojo.

Además, hay una forma totalmente nueva de viaje espacial que se está convirtiendo ya en una realidad. En el futuro, los «turistas espaciales» tendrán la oportunidad de hacer vuelos cortos, suborbitales. ¡Tal vez llegue el día en que podamos ir de vacaciones a la Luna!

Emmett jadeó.

—¡No lo haré! ¡Podéis estar total y absolutamente seguros de que no lo haré!

—¡Bien, genial! —exclamó George—. ¡Es genial! Pero, Annie, ¿qué vamos a hacer exactamente?

—Vamos a hacer un fantástico viaje cósmico. Así que escuchad con atención, salvadores del planeta Tierra, y preparaos para descubrir el Universo. Os contaré el plan general: nos vestiremos, prepararemos a Cosmos, buscaremos a mi padre e iremos a la agencia Espacial Global. Y es allí donde empezará todo.

La primera etapa de su viaje cósmico, explicó Annie, los llevaría a la plataforma de lanzamiento de la agencia Espacial Global, donde verían el lanzamiento del transbordador espacial.

La agencia tenía departamentos en varios lugares de Estados Unidos, cada uno de ellos responsable de un aspecto distinto de los vuelos espaciales. Allí, en Florida, se ocupaban del lanzamiento de transbordadores espaciales y sondas robóticas al cosmos. En Houston, Texas, se hicieron con el control de los vuelos espaciales tripulados una vez habían despegado las naves, y en California se había establecido otro control de las misiones para los vuelos espaciales con robots. A veces, Eric iba a visitar esas otras oficinas, pero había tomado la decisión de establecerse con su familia en Florida para que no tuvieran que estar siempre desplazándose.

Annie dijo a sus amigos que tenían que entrar en el edificio principal de la agencia Espacial Global para recoger sus trajes espaciales, que Eric había dejado allí, para poder dejar la Tierra y viajar al espacio, igual que el transbordador. No podían salir sin sus trajes porque hacía demasiado frío y necesitaban aire para respirar y algún modo de comunicarse con Cosmos.

Sin embargo, era casi imposible que unos niños consiguieran entrar en la agencia Espacial Global: necesitaban unos pases especiales y además les haría falta un coche para llegar hasta allí. Aunque tanto Annie como George ya habían viajado por el espacio, ninguno de los dos sabía conducir un coche terrestre, de modo que necesitaban que el padre de Annie los llevara hasta el punto de salida de su viaje de descubrimiento. Como era evidente, no tenían intención de pedirle a Eric que fuera su taxista cósmico. Dejarían que creyera que era una salida normal y corriente a la agencia Espacial Global: el plan que pretendían llevar a cabo en el preciso instante en que apartara los ojos de ellos permanecería en secreto.

—Cuando nadie esté mirando... —prosiguió Annie.

—¿Qué quieres decir con «cuando nadie esté mirando? —interrumpió George—. Creo que tu padre se dará cuenta si desaparecemos de repente.

—¡No lo hará! —gritó Annie—. Estará demasiado ocupado mirando la nave en el cielo. Y ese será el momento en que os daré la orden para que echéis a correr. Lo único que tenemos que hacer es encontrar los trajes espaciales, ponérnoslos, abrir a Cosmos y cruzar la puerta al espacio. Es sencillo, en realidad —aseguró—. Los planes más geniales siempre lo son. Ya lo dijo Einstein.

—Creo que se refería a teorías científicas —repuso George con tono amable—. No a niños que viajan solos por el Sistema Solar.

—Si Einstein estuviera ahora aquí —insistió Annie—, estoy segura de que diría: «¡Annie Bellis, eres la caña!».

El rostro de Emmett se había ensombrecido.

—¿Voy a viajar al espacio? —preguntó preocupado—. Es decir, me apetece mucho, pero soy alérgico y puede que...

—No, Emmett —dijo Annie—. Eres el controlador de nuestro viaje cósmico. Te quedarás en la Tierra con Cosmos y nos dirigirás. Así que no debe preocuparte encontrar un cacahuete en el espacio. No va a pasar.

—Vaya, ¡uf! —exclamó Emmett aliviado—. Mi madre jamás me lo perdonaría.

—¿Y qué vamos a hacer? —preguntó George.

—Nosotros, es decir, tú y yo, viajaremos a Marte. La verdad está ahí fuera, George. Y nosotros la descubriremos.

De pie en un ancho balcón, en lo alto del edificio principal de la agencia Espacial Global, George, Annie y Emmett alcanzaban a ver el terreno pantanoso hasta allí donde el transbordador espacial esperaba, paciente y silencioso, el momento del despegue. A su alrededor estaba la estructura que lo había mantenido derecho, una jaula de acero, vigas y soportes para la enorme nave espacial. Dos vías de ferrocarril conectaban la plataforma de lanzamiento con el edificio más grande que George hubiera visto en toda su vida.

—¿Ves ese lugar? —preguntó Eric, señalando el edificio—. Ahí es donde preparan la nave para mandarla al espacio. Se llama Edificio de Ensamble de Vehículos, y es lo bastante grande para que la nave quepa en su interior. Es tan alto que tiene su propio sistema meteorológico... A veces se forman nubes ahí dentro.

—¿Quieres decir que puede llover dentro? —preguntó Annie.

—Eso es —respondió Eric—. ¡Tienes que llevar paraguas si trabajas en ese edificio! Cuando el orbitador, la parte que es la nave del transbordador, está listo para salir, lo hace sobre las vías y avanza hasta la plataforma de lanzamiento, donde lo preparan para el despegue.

Con su nariz blanca y negra apuntando hacia arriba, el orbitador parecía bastante pequeño al lado del gigantesco tanque de combustible de color naranja que tenía debajo. A ambos lados, el tanque estaba flanqueado por dos largos cohetes propulsores blancos, esperando el momento del encendido.

—Mirad, ya han retirado los brazos de la estructura —anunció Eric—. Eso significa que han cerrado todas las escotillas y que los operarios que han preparado el transbordador para el lanzamiento ya han abandonado la zona.

—Como en mi juego de ordenador —alardeó Emmett—, el que enseña cómo lanzar el transbordador.

—Me gustaría jugar a eso —dijo una voz a sus espaldas. George se volvió. Una mujer vestida con un mono azul de la agencia Espacial Global estaba de pie detrás de él. George sabía que aquel uniforme significaba que era astronauta.

—¡De acuerdo! —dijo Emmett feliz—. Te dejo que juegues. Si vienes a nuestra casa esta tarde te enseñaré cómo funciona. —Emmett reparó en que Annie lo miraba fijamente—. O cualquier otro día —añadió a toda prisa—. Ahora estamos un poco ocupados y puede que no tenga tiempo. Podrías venir mañana, si quieres. Si ya hemos vuelto, claro. No es que tengamos pensado ir a ningún sitio, pero... ¡Ay!

Annie le había dado un fuerte codazo.

—¡Solo intentaba ser amable! —le susurró—. ¡Creí que me habías dicho que eso era bueno!

—¡Y lo es! —respondió entre dientes—. ¡Pero hacerte amigo de la gente no significa que tengas que contarle tus planes nada más conocerla!

—Entonces, ¿cómo haré amigos? —preguntó Emmett con tono lastimero.

—Mira, dediquémonos a salvar el planeta, ¿te parece? —dijo Annie—. Mañana ya te contaré cómo funciona eso de hacer amigos, ¿de acuerdo? ¿Trato hecho?

—Trato hecho —respondió Emmett con solemnidad—. Van a ser unas vacaciones superchulas.

—¿Es que no sabes cómo se pilota un transbordador espacial? —preguntó George para desviar la atención de la mujer—. ¿No eres astronauta?

—Sí, así es —respondió—. Soy astronauta, lo que llaman una «especialista de misión». Quiere decir que soy científica y viajo al espacio a realizar experimentos, a hacer paseos espaciales y a ayudar a construir partes de la Estación Espacial Internacional. Estoy preparada para pilotar naves, pero ese no es mi trabajo. El comandante y el piloto pilotan el transbordador y lo acoplan a la Estación Espacial Internacional. Cuando llegamos a la estación comienza mi trabajo.

—Cuando estáis en la estación espacial —comenzó Annie—, ¿flotáis por el aire?

—Así es —respondió la astronauta—. Es muy divertido, pero cuesta un poco hacer las cosas más sencillas, como comer o beber. Tenemos que beber con pajita y toda nuestra comida viene en paquetes: los abrimos, clavamos el tenedor y esperamos que la comida quede bien sujeta y no salga volando por todas partes.

—¿Jugáis a tiraros la comida? —preguntó George—. ¡Sería genial!

—¿Y cómo vais al baño? —preguntó Emmett con expresión de asombro—. ¿No es muy difícil en un entorno de baja gravedad?

—¡Emmett! —chilló Annie—. Lo siento mucho —dijo a la astronauta—. Me hace pasar mucha vergüenza.

—¡Oh, no! —La mujer se rió—. Que no te avergüencen las preguntas de tu hermano. —La cara de Annie se convirtió en la viva imagen del horror al pensar que alguien pudiera creer que Emmett era su hermano—. Todo el mundo pregunta sobre el momento de ir al baño en el espacio —añadió la astronauta—. Tenemos que hacer sesiones de entrenamiento para aprender.

—¡Para ser astronauta hay que recibir clases para ir al baño! —Emmett se puso colorado de puro placer.

—Es una de las cosas que debemos aprender para vivir en el espacio —respondió la astronauta con firmeza—. Entrenamos durante años para aprender las tareas que tenemos que realizar durante las dos semanas de misión en el espacio. Tenemos que aprender a vivir sin gravedad y a manejar el brazo robótico del transbordador, y a utilizar todo el complicado equipo eléctrico y mecánico. ¿A alguno de vosotros le gustaría ser astronauta de mayor?

—Quizá —respondió Annie—. Depende. Verás, quiero ser física y futbolista, así que tal vez no tenga tiempo para más formación.

—¿Y vosotros dos? —preguntó la astronauta a George y a Emmett—. ¿Os gustaría viajar al espacio?

—¡Oh, sí! —respondió George—. Me gustaría más que ninguna otra cosa.

Emmett negó con la cabeza.

—El movimiento me marea.

—Lo sabemos —dijo Annie. En el viaje en coche hasta allí había estado a punto de vomitar encima de su mochila, donde iba Cosmos. Annie había tenido que apartarla con rapidez y obligar a Emmett a sacar la cabeza por la ventanilla para evitar un desastre. No había sido agradable.

Eric apareció de repente junto a ellos con gesto preocupado.

—¡Hola! —saludó a la astronauta—. Soy Eric, Eric Bellis, del laboratorio científico de Marte.

—¡El famoso Eric! —exclamó—. Yo soy Jenna. Hace siglos que quiero conocerte. Es estupendo el trabajo que haces sobre la vida en el Universo. Estamos entusiasmados con *Homer* y los posibles descubrimientos en Marte. ¡Nos morimos de ganas de conocer los resultados!

—Bueno... —Eric frunció el entrecejo—. Mmm, sí, nosotros... también estamos entusiasmados —dijo poco convencido—. Veo que ya has conocido a los niños. —Eric jugueteaba nervioso con su busca, que lo avisaba cuando sucedía algo importante, en la Tierra o en Marte.

—¡Pues sí! —dijo Jenna—. ¿Son todos tuyos?

—Esto... no —respondió Eric—. Solo Annie, la niña rubia. No sé de dónde han salido los otros dos —dijo con una sonrisa—. Te presento a sus amigos, George y Emmett. —El busca emitió de repente un fuerte pitido entre sus dedos—. ¡Oh, estrellas colapsantes! —dijo para sí, y alzó la vista—. He recibido una alerta urgente —informó a Jenna—. Tengo que ir de inmediato a la sala de control.

—Puedes dejar a los niños conmigo. Tranquilo, no les pasará nada. —Los niños restregaron los pies contra el suelo con expresión de culpabilidad—. Avísame por megafonía cuando hayas terminado —continuó con tono alegre—. Entonces te diré dónde recogerlos.

—Gracias —dijo Eric y bajó corriendo las escaleras. Mientras él se alejaba, el reloj de pared que mostraba la hora del despegue se había puesto en marcha. De vez en cuando se detenía para que hicieran las últimas comprobaciones (de todo, desde los sistemas de lanzamiento del transbordador, a los ordenadores del orbitador, hasta el tiempo que hacía en las distintas partes del mundo). Cuando se hubieron hecho las comprobaciones necesarias y todos estaban ya satisfechos, el reloj se puso de nuevo en funcionamiento. En aquella ocasión faltaban tan solo unos segundos para el despegue. George agarró la mano de Annie mientras todo el mundo contaba a la vez y en voz alta los últimos segundos.

—¡Cinco... cuatro... tres... dos... uno!

Lo primero que vieron fue una enorme nube de polvo en la base de la nave, que se hinchaba y formaba capas lentas, suaves y mullidas de humo grisáceo. Mientras la nave se levantaba del suelo, George y Annie vieron una brillante luz debajo de la cola. La nave se movía hacia arriba como si un hilo invisible tirara de ella, y la luz de debajo era tan intensa que parecía que el cielo se hubiera abierto para que apareciera un ángel o cualquier otra criatura celestial. La nave siguió ascendiendo gracias a aquel poderoso chorro que la alzaba en vertical hacia el cielo.

—Es tan silencioso... —susurró George a Annie—. No hace nada de ruido.

Hasta ese momento daba la impresión de que la nave comenzaba su viaje cósmico en el más absoluto silencio, como si lo estuvieran viendo por televisión sin sonido. Sin embargo, tan solo unos segundos después, el ruido recorrió los kilómetros que los separaban de la nave y llegó hasta ellos. Primero oyeron un extraño crujido y a continuación los sorprendió un terrible estruendo, un ruido que parecía engullírselo todo. Fue tan fuerte que anuló todo lo demás. Sintieron un impacto tan intenso en el pecho que creyeron que la onda sonora los haría caer de espaldas.

CÓMO SE PROPAGA EL SONIDO POR EL ESPACIO

☆ En la Tierra hay muchos átomos juntos que se golpean los unos a los otros. Al golpear un átomo, es posible que este golpee a los que tiene cerca, y que estos golpeen a otros, y así sucesivamente, de modo que el golpe se desplaza a través de una masa de átomos. Muchos golpecitos pueden crear una cadena de vibraciones que se propaga a través del material. El aire que cubre la superficie terrestre está formado por un gran número de átomos de gas y moléculas que impactan entre sí; puede transmitir vibraciones de este modo, como el mar, las rocas que pisamos o incluso objetos cotidianos. A las vibraciones que estimulan nuestros oídos las llamamos «sonido».

☆ El sonido tarda un tiempo en propagarse a través de un material porque cada átomo tiene que golpear a los que tiene cerca. El tiempo que tarde dependerá de la fuerza con la que los átomos golpeen a los otros, lo cual depende de la clase de material y de otros factores como la temperatura. En el aire, el sonido se propaga a una velocidad aproximada de 1,5 kilómetros cada 5 segundos. Es decir, un millón de veces más lento que la velocidad de la luz, razón por la que la luz que emite el lanzamiento de un transbordador espacial es vista casi de inmediato por los espectadores, mientras que el sonido llega un poco más tarde. Del mismo modo, la luz de un relámpago llega antes que el trueno, que es el golpe que las moléculas del aire reciben por parte de la repentina e intensa descarga eléctrica. En el mar, el sonido se propaga unas cinco veces más rápido que en el aire.

☆ En el espacio es muy distinto. Hay pocos átomos entre las estrellas, así que es difícil que puedan chocar. Pero, si en el interior de la nave hay aire, el sonido se propagará. Una pequeña roca que golpee la nave provocará una vibración del vehículo espacial y, a continuación, del aire que haya dentro, por lo que se podrá oír el impacto. Pero, los sonidos en otro planeta, o en otra nave, no te llegarán a menos que alguien los convierta en ondas de radio (que son como la luz y no necesitan material para propagarse), y que utilices tu radio para convertirlas de nuevo en sonido en el interior de tu nave.

☆ En el espacio hay ondas de radio producidas por las estrellas y galaxias lejanas. Los radioastrónomos las analizan como los astrónomos examinan la luz visible desde el espacio. Como las ondas de radio no son visibles y solemos convertirlas en sonido mediante nuestras radios, se ha dicho que la radioastronomía consiste en «escuchar» en lugar de en «observar». Pero tanto los astrónomos que estudian las ondas de radio como los que analizan la luz visible se dedican a lo mismo: estudian las ondas electromagnéticas del espacio. No hay ningún sonido procedente del espacio.

El rugido de los motores les recorrió el cuerpo al tiempo que la nave comenzaba a inclinarse, dejando una cola de humo blanco tras de sí. Mientras observaban su ascenso vieron las distintas formas que las tenues nubes blancas dibujaban en el cielo azul.

—Parece un corazón —dijo Annie con tono soñador—. Como si nos dijera: «Desde el transbordador espacial, con amor» —añadió, pero un segundo después ya había vuelto a la realidad. Miró alrededor y vio que los adultos seguían mirando al cielo. Entonces agarró a George y a Emmett y les dijo—: Muy bien, diré la cuenta atrás y después ¡salimos corriendo! ¿Estáis listos? Cinco, cuatro, tres, dos, uno...

Capítulo ocho

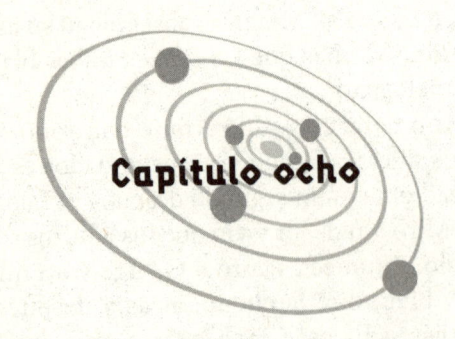

Mientras la nave desaparecía en el cielo, los niños se esfumaron... por la misma escalera que había bajado Eric. Se encontraron en un enorme edificio con largos pasillos que se abrían en todas las direcciones.

—Creo que es por aquí —dijo Annie, pero no parecía muy segura.

Cruzaron a toda prisa el pasillo detrás de ella, pasaron por delante de fotografías enmarcadas de astronautas y dibujos que habían hecho los hijos de los astronautas, que colgaban de las paredes para conmemorar todas las misiones.

—Hum... probemos por esta puerta. —Annie la empujó con fuerza y se metieron en una habitación enorme llena de piezas gigantescas de maquinaria.

—¡Vaya! —dijo, y retrocedió a toda prisa, pisando a George y a Emmett, que estaban detrás de ella—. Pues no es esta puerta.

—¿Sabes adónde vamos? —preguntó George.

—¡Claro que lo sé! —respondió Annie de mal humor—. Es solo que me he confundido porque todos estos sitios son muy parecidos. Tenemos que encontrar la Sala Blanca. Allí es donde guardan los trajes. Vamos, por aquí.

George se acongojó al pensar en Annie dirigiendo el viaje por el Sistema Solar. Si no conseguía orientarse en la agencia Espacial Global, que según decía había visitado muchas veces, ¿podría confiar en ella para ir y volver de Marte?

Sin embargo, no era fácil disuadir a Annie. La niña los arrastró hacia otra puerta, que abrió de golpe. La sala estaba a oscuras, salvo por una pantalla iluminada en la que un hombre señalaba una imagen de Saturno.

—Y aquí vemos que los anillos de Saturno —decía— están formados de polvo y rocas en órbita alrededor del gigantesco planeta gaseoso.

George recordó la pequeña roca de Saturno que se había guardado en el bolsillo la vez que Annie y él recorrieron el Sistema Solar montados en un cometa. Por desgracia, un profesor de su escuela había creído que la valiosa roca no era más que un puñado de polvo y se la había hecho tirar a la papelera. «¡Qué lástima!», pensó. Habría sido maravilloso que hubiera podido traer su roca a aquel lugar. ¿Qué pistas sobre el Universo habrían sido capaces de descubrir a partir de aquel fragmento de Saturno?

Llegaron a una puerta en la que se leía «COMETAS», pero estaba cerrada.

«Tin-ton», oyeron del interior de la mochila que Annie llevaba a la espalda. Al parecer, Cosmos se había encendido.

—¡Cosmos! —dijo George—. ¡Tienes que seguir en silencio! Estamos intentando encontrar la Sala Blanca y no queremos que nos descubran.

—¿Tú crees que me importa? —fue la respuesta—. ¿Lo crees? ¿Lo crees?

—¡Oh, chissst! —le rogó George.

—¿Quieres bailar conmigo? —canturreó Cosmos desafinando.

—Claro que no, eres un ordenador —respondió George—. ¿Por qué habría de querer bailar contigo?

—¿Lo pillas?

—Emmett, ¡haz que se calle! —ordenó Annie.

—En realidad —comenzó Emmett—, sería mejor dejarlo encendido. Si lo apago ahora y después tenemos que encenderlo a toda prisa tal vez tengamos problemas.

—¡Allí está! —exclamó George al ver un cartel en una enorme puerta doble. En él se leía «SALA BLANCA». ¿Es ahí donde están los trajes?

—¡Eso es! —respondió Annie—. Ahora me acuerdo. No he entrado en ella, pero ahí es donde guardan todo el equipo espacial. Lo tienen en un entorno superlimpio para que ningún bicho ni nada por el estilo viaje de la Tierra al espacio.

—Oh, sí —asintió Emmett con aire sabihondo—. Es muy importante que los microbios no viajen al espacio en ninguna de las máquinas. De otro modo, ¿cómo podríamos saber si hemos encontrado pruebas de vida en el espacio o si tan solo estamos viendo rastros de lo que nosotros mismos hemos dejado allí fuera?

Annie corrió hacia la puerta doble.

—¡Seguidme! —ordenó—. Todo el mundo debe de estar arriba, mirando el lanzamiento.

Cruzaron la puerta esperando entrar en la Sala Blanca, pero antes les aguardaba una sorpresa. Se encontraron de repente en una cinta transportadora en movimiento. De todas partes comenzaron a soplar ráfagas de aire mientras la cinta los transportaba. Del techo aparecieron cepillos y unos chorros que los rociaban y un pedazo de tela gigantesca que los frotaba al pasar.

—¿Qué es todo esto? —gritó George.

—¡Nos está limpiando! —respondió Annie.

—¡Ayyy! —chilló Cosmos—. ¡Me están manoseando los puertos!

Frente a él, George vio que un par de brazos robóticos levantaban a Annie y la soltaban en un mono de plástico blanco, le colocaban un gorro en la cabeza, una máscara en la cara y unos guantes en las manos. George ni siquiera tuvo tiempo de gritar; los brazos expulsaron a Annie de la cinta transportadora a través de otra puerta doble y entonces le tocó a él. Primero a George y después a Emmett, la máquina los equipó como lo había hecho con Annie y los lanzó a través de la puerta, donde se quedaron pasmados por la blancura extraordinaria que los rodeaba.

George pensó que era como estar en la boca de alguien que tuviera los dientes muy blancos. A uno de los lados había un robot en construcción; al otro, lo que parecía la mitad de un satélite. Todo relucía con un brillo inusual. Incluso el aire se notaba más liviano y transparente que el aire normal. En la pared había un cartel en el que se leía «100.000».

—Es el número de partículas que tiene el aire aquí dentro —susurró Emmett a través de la máscara—. Esta no es la Sala Blanca más limpia que pueda haber. En ella, hay diez mil partículas, lo que significa ¡que un pie cúbico de aire ahí dentro no tiene más de diez mil partículas más grandes que medio micrón! Y un micrón es la millonésima parte de un metro.

—¿Está lo bastante limpia para salir a Marte desde aquí? —preguntó George—. Es decir, ¿qué pasará si llevamos pruebas de vida terrestre a Marte y *Homer* las encuentra? ¿Podríamos arruinar el programa de investigación?

—En teoría, sí —respondió Emmett, que sonaba mucho más seguro ahora que sentía que debía comportarse como un experto—. Pero eso depende de: *a)* que podáis o no arreglar a *Homer; b)* que consigáis llegar a Marte; y *c)* que el mensaje alienígena de Annie amenace realmente con destruir la Tierra. Si Annie tiene razón, y debo señalar que la probabilidad es muy pequeña, entonces, si no vais, no habrá vida en la Tierra, así que no importa.

En un rincón de la Sala Blanca, Annie había encontrado varios trajes espaciales, pero eran de color naranja chillón y no se parecían a los que George recordaba de su anterior viaje por el Universo.

—¡No son los nuestros! —dijo Annie con gran decepción—. Estos son los que utilizan en el transbordador, son distintos a los que teníamos mi padre y yo.

Siguió rebuscando un poco más allá.

—Papá me dijo que los había guardado aquí para que estuvieran a salvo. Y yo le pregunté: «¿Qué pasa si alguien se los lleva por error?». Y él me dijo que eso no pasaría, porque los había marcado como trajes prototipo, no aptos para misiones en el transbordador.

Emmett estaba rasgando el envoltorio de plástico que la maquinaria de entrada a la Sala Blanca había utilizado para forrar la mochila de Annie. Finalmente sacó a Cosmos y entonces encontró el libro amarillo *Guía útil para conocer el Universo.*

—Muy bien, pequeño ordenador —dijo, estirando los dedos—. La Operación Forma de Vida Alienígena está en marcha. ¿Adónde quiere ir, comandante George?

—Intenta que abra el portal —respondió George—. Tenemos que ir a Marte, a la región polar norte. Destino: *Homer*.

—¡Bingo! —gritó Annie—. ¡He encontrado los trajes! —Apareció con un montón blanco envuelto en plástico en el que se leía: «PROTOTIPOS. ¡NO UTILIZAR!». Lanzó uno a George—. Quítate la máscara y después ponte esto encima.

Annie y George rasgaron el envoltorio de los trajes y comenzaron a colocarse el pesado equipo espacial.

Entretanto, Emmett miraba fotografías de Marte en la pantalla de Cosmos, acercando más y más la imagen del planeta rojo.

Sin embargo, Cosmos seguía más silencioso que de costumbre.

—¿Por qué está tan callado? —preguntó George.

—He tenido una idea brillante —respondió Emmett—. Le he bajado el volumen.

Entonces lo subió y oyeron refunfuñar a Cosmos.

—Nadie se preocupa por mí. Nadie me entiende. A nadie le importa cómo me siento.

Emmett volvió a bajar el volumen.

—Tendremos que hablar con Cosmos cuando estemos ahí fuera —advirtió Annie—. Ya nos quedamos atrapados en el espacio una vez, y con una basta. ¿Podrás soportarlo?

Emmett volvió a subir el volumen.

—Haz esto, haz aquello, es lo único que oigo —se quejó Cosmos—. Solo quiero expresarme.

—Cosmos —dijo Annie—, se me ocurre una forma para que nos demuestres cómo te sientes.

—Lo que tú quieres es que abra un portal para que podáis atravesarlo —respondió Cosmos con aire taciturno.

—Es verdad —intervino George—, pero el hecho es que no tenemos permiso para hacerlo. Así que si nos descubren tendremos problemas.

—¡Guay! —exclamó Cosmos, algo más animado—. O sea que ¿nos estamos saltando las normas?

—Mmm, sí —dijo George—, pero nos hace falta tu ayuda. Tienes que cuidar de nosotros mientras estemos en Marte. Y tú también, Emmett. Si necesitamos salir de allí a toda prisa, tendrás que traernos de vuelta de inmediato.

—Pero... —comenzó Emmett—, si me enviáis una señal desde Marte, ¿no habrá un retraso temporal? Es decir, la luz tarda cuatro minutos y veinte segundos en viajar desde Marte. O, si Marte está al otro lado del Sol, podrían ser veintidós minutos. Así que recibiré vuestro mensaje y responderé pasados ocho minutos y cuarenta segundos o bien cuarenta y cuatro minutos. Y eso puede ser demasiado tarde.

—No, Cosmos tiene Mensajería Instantánea —respondió Annie—, de modo que nos oirás responder de inmediato.

—¡Guau! ¡Maravillas de la física! —respondió Emmett con gesto sorprendido.

—Así es —añadió Annie—. Si Cosmos no es un gallina y se echa atrás...

—¡Tranqui! ¡Estoy en ello! —respondió Cosmos. Un pequeño rayo de luz blanca salió disparado del superordenador, y en mitad de la Sala Blanca los niños vieron cómo se dibujaba la forma de una entrada.

La puerta se abrió por completo. Al otro lado, vieron un planeta rojizo que aparecía frente a ellos. Tenía una mancha grande y oscura en la zona media del lado izquierdo.

—Estamos aproximándonos a Marte —dijo Emmett mientras el planeta se acercaba, con las estrellas que brillaban en el cielo oscuro detrás de él—. ¿Veis esa mancha oscura? Es Syrtis Mayor. Es una zona inmensa de llanura volcánica, oscura y azotada por el viento, tan grande que los científicos la conocen desde que enfocaron el primer telescopio hacia Marte, en el siglo XVII. El casquete polar del sur es grande y visible en esta época del año. La característica brillante de la zona central inferior es la cuenca Hellas, sin duda alguna el cráter de impacto más extenso del planeta, formado por un asteroide o un cometa. Tiene unos dos mil trescientos kilómetros de diámetro. Los cuatro puntos que veis en la región ecuatorial son nubes de cristal de hielo que flotan sobre los cuatro volcanes más grandes de Tharsis.

—¿Cómo sabes todo eso? —preguntó George con voz rara a través del transmisor del casco espacial que acababa de colocarse.

—En realidad, lo he leído en la pantalla de Cosmos —respondió Emmett casi disculpándose—. Me está dando una lectura de las condiciones de Marte para comprobar que podéis aterrizar con seguridad. De paso, me ha ofrecido un poco de información turística. Dice que los visitantes de Marte deben recordar que las condiciones gravitatorias son muy distintas a las que estamos acostumbrados. Pesaréis menos de la mitad de lo que pesáis en la Tierra, así que preparaos para dar botes.

—¿Dice qué tiempo hace? —preguntó Annie a través de su transmisor. Su voz sonó algo nerviosa.

—Veamos... —respondió Emmett—. Aquí tenemos la previsión para la región polar norte de Marte: «Tiempo en su mayor parte despejado con una temperatura media de sesenta grados bajo cero. Probabilidad de tormentas de hielo en la zona: muy baja. Sin embargo, es posible que se produzcan tormentas de polvo en la región central que terminen afectando a todo el planeta». Será mejor que vigile eso. Dice que las tormentas de polvo son habituales en esta época del año y que pueden extenderse muy deprisa.

La puerta se acercaba cada vez más a Marte, atravesando su finísima atmósfera y aproximándose a la superficie rocosa del planeta.

George y Annie se quedaron en el umbral, cogidos de la mano con aquellos gruesos guantes espaciales, los tanques de oxígeno conectados y los aparatos de transmisión encendidos. Cuando estaban a unos pocos metros por encima del suelo, Annie dijo:

—¿Estás listo? Cinco, cuatro, tres, dos, uno... ¡Salta!

Los niños desaparecieron por la puerta y de repente se vieron en Marte, un planeta que hasta entonces no había pisado ningún ser humano.

Emmett vio cómo se esfumaban; a continuación una ráfaga de polvo rojo marciano se coló por el portal justo antes de que la puerta se cerrara de golpe.

Intentó atrapar un poco de polvo mientras flotaba en aquel aire tan limpio, pero enseguida fue succionado por los muchos filtros de la Sala Blanca, diseñados para eliminar el menor rastro de polución en cuestión de segundos. Como Annie y George, el polvo marciano desapareció por completo, dejando a Emmett a solas con Cosmos en aquella inmensa sala. Miró alrededor durante unos minutos y después sacó la *Guía útil para conocer el Universo*.

Buscó Marte en el índice y abrió el libro por la página indicada.

«¿La vida llegó de Marte?», leyó.

GUÍA ÚTIL PARA CONOCER EL UNIVERSO

¿LA VIDA LLEGÓ DE MARTE?

¿Dónde y cuándo comenzó la vida tal como la conocemos? ¿Comenzó en la Tierra? ¿O tal vez llegara de Marte?

Hace un par de siglos, la mayoría de la gente creía que los humanos y otras especies habían estado presentes desde la creación de la Tierra. Se creía que la Tierra contenía, en esencia, la totalidad del material del mundo y la creación se describía como un acontecimiento más bien repentino, como el Big Bang en el que creen la mayoría de los científicos hoy en día. Esto se explicaba mediante historias de la creación, como la del Génesis, el primer libro de la Biblia, y en todo el mundo las diferentes culturas tienen historias sobre un momento excepcional de creación.

Aunque algunos astrónomos creían en la inmensidad del espacio, comenzaron a estudiarlo tan solo después de que Galileo (1564-1642) construyera uno de los primeros telescopios; sus descubrimientos demostraron que el Universo contenía muchos otros mundos, algunos de los cuales podían estar habitados, como el nuestro. La inmensidad del Universo —y las pruebas de que debió de formarse mucho tiempo antes de que apareciera nuestra especie— no se reconoció hasta muchos años después, en la época de la Ilustración. Era el siglo XVIII, período de grandes inventos, como el globo de hidrógeno y, en especial, el motor a vapor. Estos inventos motivaron la revolución industrial y tecnológica que tuvo lugar al siglo siguiente, (siglo XIX). Durante aquella época de innovaciones, el estudio de la formación de las rocas por sedimentación en los mares poco profundos contribuyó a que los geólogos comprendieran que tales procesos debían de llevar sucediendo no solo miles o incluso millones de años, sino miles de millones de años: lo que ahora llamamos «giga-años».

Los geofísicos contemporáneos creen que nuestro planeta Tierra —así como nuestro Sistema Solar— se formó hace unos 4,6 giga-años, cuando el Universo —que ahora tiene unos 14 giga-años— tenía poco más de 9 giga-años.

Al parecer, los humanos modernos llegaron al resto del mundo desde África hace 50.000 años, pero la arqueología moderna ha demostrado con bastante claridad que las primeras sociedades humanas comenzaron a convertirse en lo que hoy llamamos civilización —sistemas económicos con intercambio de distintas clases de productos— hace tan solo 6.000 años. Un factor clave en cualquier civilización es el intercambio, no solo de productos, sino también de información. Pero ¿cómo se almacenaba y se divulgaba esta información? Fueron necesarios mecanismos de registro adecuados.

Antes de la invención del papel y la tinta, uno de los primeros métodos consistió en hacer marcas en tablas de arcilla: los antepasados más lejanos de los modernos chips de memoria. El hecho de compartir y recoger conocimientos, en particular los que ahora llamamos «científicos», se convirtió en un objetivo por derecho propio.

El desarrollo (relativamente reciente) de la civilización dependía, por supuesto, de la emergencia de lo que llamamos «vida inteligente»: seres con un sentido suficiente de conciencia de sí mismos como para reconocerse en un espejo. En nuestro planeta hay varios ejemplos de ellos: elefantes, delfines y, por descontado, los antropoides, el grupo que forman los chimpancés y otros simios, los neandertal y los seres humanos modernos como nosotros. De momento no se han encontrado señales de vida inteligente en ningún otro lugar del Universo.

¿Cómo surgieron estas formas de vida inteligente en la Tierra? Los restos fósiles nos hacen pensar que las plantas y los animales modernos podrían haber surgido a partir de otras formas de vida presentes en la Tierra en épocas anteriores, pero a la gente le costaba entender que las diversas especies se hubieran adaptado tan bien sin haber sido diseñadas para ello. La idea de la evolución continua se aceptó de forma generalizada tan solo después de que Darwin (1859) expusiera el principio de adaptación por selección natural. Sin embargo, una comprensión profunda del funcionamiento de este principio solo fue posible años después, cuando Watson y Crick hicieron sus descubrimientos acerca del ADN.

El conocimiento moderno basado en el ADN del proceso evolutivo se sustenta en el registro fósil, al menos hasta donde llega este. El problema es que el registro no llega muy atrás en el tiempo: se remonta a menos de un giga-año, que es solo una fracción de la edad total de la Tierra.

GUÍA ÚTIL PARA CONOCER EL UNIVERSO

Antes de lo que se conoce como la era Cambriana se desarrollaron formas de vida simples y tempranas. Ahora sabemos con bastante certeza cómo evolucionó a partir de ellas a lo largo de los últimos 500 millones de años lo que deberíamos reconocer como vida inteligente (aunque seguimos sin saber exactamente el porqué). Sin embargo, tampoco disponemos de registros acerca de cómo evolucionaron las formas de vida precambrianas.

Uno de los problemas es que tan solo a partir de la era Cambriana ha habido animales grandes y huesudos, que se convierten en fósiles con facilidad. Se cree que sus predecesores más grandes eran animales de cuerpo blando (como nuestras medusas); si retrocedemos más en el tiempo, parece que las únicas formas de vida eran criaturas microscópicas unicelulares. Y estas no dejan restos fósiles evidentes.

Si nos remontamos aún más, es evidente que la evolución debió de ser muy lenta. Y difícil de conseguir. Si bien los planetas con un entorno favorable eran bastante comunes en el Universo, había muy pocas posibilidades de evolución de vida avanzada en cualquiera de esos planetas. Es decir, que debió de ocurrir en una fracción muy pequeña de ellos. El planeta que habitamos debe de ser una de esas raras excepciones y también aquí podría haber salido mal. Los astrofísicos disponen de un cálculo conocido como «la casualidad de la edad solar». Este cálculo demuestra que, durante el tiempo que la evolución en la Tierra tardó en dar formas de vida inteligente, se consumió buena parte de las reservas de hidrógeno que alimentan a nuestro Sol. En resumidas cuentas, si nuestra evolución hubiera sido solo un poquito más lenta ¡el Sol se habría extinguido antes de que llegáramos nosotros!

Así pues, ¿qué pasos evolutivos esenciales fueron los más difíciles de conseguir en el tiempo disponible?

Una etapa complicada en la Tierra debió de ser el principio de lo que se llama «vida eucariótica», en la que las células tienen una estructura elaborada con núcleos y ribosomas. Las eucariotas incluyen animales grandes y multicelulares, como nosotros, además de especies unicelulares como la ameba. Los registros fósiles muestran que la primera forma de vida eucariótica apareció en la Tierra al comienzo del eón Proterozoico, hace unos 2 giga-años, cuando la Tierra tenía tan solo la mitad de años que en la actualidad. Ahora creemos que antes de este período debían de estar generalizadas formas de vida procarióticas más primitivas, como las bacterias (cuyas células son demasiado pequeñas para contener un núcleo). Esto sucedió en lo que conocemos como el eón Arcaico, que comenzó cuando la Tierra tenía menos de 1 giga-año.

GUÍA ÚTIL PARA CONOCER EL UNIVERSO

Hay pruebas de la existencia de esta clase de vida primitiva en el mismo comienzo de este eón, por lo que nos enfrentamos a un enigma, ya que esto implica que el proceso mediante el cual tuvo origen la vida debió de suceder durante la época anterior. Esta época se llama eón Hadeico y es el primer eón de la historia de la Tierra.

¿Por qué habría de ser un problema? El eón Hadeico fue, sin duda, lo bastante largo —duró casi 1 giga-año—, pero las condiciones en la Tierra en ese momento debían de ser literalmente infernales, como sugiere el propio nombre (Hades es la antigua versión griega del infierno). Esta fue la época en que los residuos de la formación del Sistema Solar impactaban contra la Luna formando cráteres en ella. Este bombardeo habría causado un recalentamiento frecuente de nuestro entorno planetario. Es muy poco probable que formas de vida incipiente consiguieran librarse de ser eliminadas de raíz.

Sin embargo, el planeta Marte tiene menos masa y está más alejado del Sol, por lo que últimamente se ha propuesto que el bombardeo de Marte podría haberse calmado antes que el de la Tierra. Es probable que Marte soltara también con frecuencia fragmentos residuales que, en algunos casos, pudieron ser recogidos por la Tierra.

Esto significaría que la vida pudo originarse en Marte antes de que sobreviviera en nuestro planeta.

El análisis con un microscopio de electrones de un meteorito que llegó a la Tierra desde Marte (el meteorito ALH8400) ha mostrado estructuras parecidas a microbios fosilizados. Esto demuestra que cabe la posibilidad de que organismos fósiles llegaran a la Tierra desde Marte. Sin embargo, no explica que aquí apareciera vida, a menos que organismos vivos (no solo fósiles) pudieran sobrevivir a la migración necesaria a

GUÍA ÚTIL PARA CONOCER EL UNIVERSO

bordo de un meteorito. Es una cuestión que se sigue debatiendo acaloradamente.

Una cuestión aún más interesante es si el entorno de Marte en aquel momento (en la era Filósica, que coincide aproximadamente con la era Hadeica en la Tierra) era realmente el adecuado para albergar formas de vida primitiva.

Las condiciones de Marte en la actualidad son sin duda desfavorables, al menos en la superficie: es un desierto frío y árido sin apenas atmósfera salvo por un poco de dióxido de carbono. No obstante, las sondas que han aterrizado en Marte han confirmado que hay una cantidad considerable de agua congelada en los polos. Además, tiene muchas características evidentes de las que provocaría la erosión causada por ríos u oleaje a orillas del mar. Esto significa que en algún momento del pasado marciano debió de haber gran cantidad de líquido en el planeta, justo lo que necesita nuestra clase de vida para surgir. Durante aquel período temprano el agua habría formado un océano. En un principio, podría haber tenido varios miles de metros de profundidad, con el centro situado cerca de lo que es ahora el polo norte marciano.

Así pues, es posible que la vida surgiera a orillas de ese océano, en el pasado remoto de Marte.

Sin embargo, hay un par de objeciones a esta teoría. Una es que la atmósfera no contenía oxígeno. No obstante, se cree que las formas de vida primitiva en la Tierra fueron capaces de sobrevivir en una atmósfera que también era muy deficiente en oxígeno, por lo que es probable que no fuera un inconveniente.

Otra objeción es que el antiguo océano marciano habría sido demasiado salado para las formas de vida terrestre conocidas, aunque tal vez la vida marciana estuviera adaptada en su origen a condiciones muy saladas, o quizá se desarrollara en lagos de agua dulce.

Así, es posible que la vida se originara en Marte —a orillas de un inmenso océano— y que después llegara a la Tierra montada en un meteoro. Por lo tanto, ¡es posible que nuestros antepasados más remotos fueran marcianos!

Brandon

Capítulo nueve

Mientras atravesaba el portal con Annie, George se volvió para mirar atrás. Durante un milisegundo vio la Sala Blanca del planeta Tierra y la cara preocupada de Emmett asomándose a la puerta. Pero entonces el portal se cerró y desapareció por completo, sin dejar rastro alguno en el cielo polvoriento de Marte.

Impulsados por la fuerza de su salto a través de la puerta, George y Annie viajaron por la atmósfera marciana y recorrieron varios metros antes de aterrizar. Iban agarrados de la mano para no separarse en aquel planeta extraño y vacío. George tomó tierra, pero el impacto de sus pies sobre la superficie lo devolvió de nuevo hacia arriba en un enorme rebote.

—¿Dónde están las montañas? —gritó a Annie a través del transmisor cuando volvieron a aterrizar y se soltaron de repente las manos. Se encontraban en una inmensa llanura de tierra rojiza y llena de escombros. Hasta donde les alcanzaba la vista a ambos lados, no había más que una interminable hilera de rocas rojas desperdigadas por el suelo de aquel planeta desierto. En el cielo, el Sol —la misma estrella que brillaba con tanta intensidad en la Tierra— parecía más distante, pequeño y frío, su luz y calor más lejanos que allí. La luz se veía rosada a causa del polvo rojizo que flotaba en el aire, pero no era el hermoso tono salmón de un amanecer terrestre. Era más bien un color luminoso, extraño e inhóspito para los primeros humanoides en recorrer el largo trayecto de la Tierra a Marte.

—Aquí no hay montañas —dijo Annie—. Estamos en el polo norte de Marte. Los volcanes y los valles están en el centro del planeta.

—¿Cuánto falta para que anochezca? —preguntó George, dándose cuenta de repente de que no verían nada cuando se hubiera puesto el Sol. La nada absoluta de aquel planeta vacío comenzaba a darle escalofríos y desde luego no quería estar allí en plena oscuridad.

—Muchísimo —respondió Annie—. En verano, en el polo norte no se pone el Sol. Pero no quiero quedarme tanto tiempo. No me gusta este lugar. —Aunque el traje espacial la protegía de las condiciones meteorológicas de Marte, la niña temblaba.

No resultaba agradable estar allí tan solos y, como George, Annie enseguida echó de menos un planeta lleno de gente, edificios, movimiento, ruido y vida. Aunque a veces pensaban que les encantaría vivir en un planeta donde no hubiera nadie que los molestara ni les diera órdenes, la realidad era muy distinta. En un planeta vacío no había nada que hacer ni nadie con quién jugar. Era probable que hubieran soñado con ser señores de su propio mundo, pero, llegado el momento, la Tierra no parecía un lugar tan malo.

George volvió a saltar por el aire, solo para comprobar hasta dónde era capaz de llegar. Se alzó unos cuantos centímetros y aterrizó un segundo después, cerca de Annie.

—¡Ha sido increíble! —exclamó.

Juntos, comenzaron a bajar por la superficie marciana, pero nada más poner los pies en el suelo, salieron rebotados.

—Será mejor que no dejemos muchas huellas —advirtió Annie, señalando las marcas que George había hecho en la superficie—, o las verán cuando el orbitador pase por aquí y saque fotografías. Y creerán que los marcianos existen.

—¡Ahí está *Homer*! —dijo George al ver una silueta solitaria a lo lejos. Por separado, se acercaron botando hasta él—. Pero ¿qué hace? —preguntó sorprendido. El robot parecía muy ocupado. Avanzaba hacia delante y hacia atrás, lanzando pedazos de roca al aire.

—Eso es lo que hemos venido a descubrir —respondió Annie—. Voy a llamar a Emmett. ¡Emmett! —gritó a través de su transmisor de voz—. ¡Emmett! ¡Maldita sea! No responde.

Dieron unos pasos largos hacia *Homer* y lo observaron mientras rodaba misteriosamente, aunque con algún propósito, de un lado a otro.

—¡Agáchate! —susurró Annie, encorvándose—, o puede que nos vea con las cámaras que tiene en los ojos. Y entonces mi padre nos verá en Marte y descubrirá dónde estamos. ¡Sería un desastre!

—Pero tardará algunos minutos en vernos —respondió George—. Hasta que la señal llegue de vuelta a la Tierra. Así que, aunque *Homer* nos haga una foto, aún nos quedará algo de tiempo para salir de aquí.

—¡Ja! —exclamó Annie—. Tú no tienes ningún problema. Si mi padre nos ve aquí lo único que pasará contigo es que te mandará de vuelta a Inglaterra. Pero yo me quedaré aquí... bueno, no aquí exactamente. No en Marte, sino en la Tierra, con mi padre enfadado conmigo. Y con los castigos más aburridos que se le ocurran.

—¿Como cuáles? —preguntó George.

—¡Oh, no lo sé! —respondió Annie—. Nada de fútbol, y deberes extra de matemáticas, y lavar los trajes espaciales, y ni un céntimo de paga durante el resto de mis días, supongo. En serio, la Tierra no será un lugar lo bastante grande para mí.

—¿También tenemos que estar en silencio? ¿*Homer* podría oírnos? —preguntó George.

—Mmm, no lo creo —respondió Annie—. Marte no tiene la atmósfera adecuada para que el sonido se propague, así que no creo que esté grabando ningún sonido, solo toma fotos. —Hizo una breve pausa y después gritó a su transmisor—: ¡¡¡Pero ojalá Emmett pudiera oírnos!!!

—¡Ay! —exclamó George, que tuvo la sensación de que su casco iba a estallar por la fuerza del chillido de Annie.

—¿Quién? ¿Qué? ¿Dónde? —dijo por fin Emmett.

—¡Emmett, eres un imbécil! ¿Por qué no respondías antes? —preguntó Annie.

—Lo siento. Estaba leyendo una cosa... ¿Estáis bien?

—Sí, estamos bien, aunque no gracias a ti, controlador de tierra. Hemos aterrizado en Marte y nos estamos acercando a *Homer*. ¿Tienes alguna información para nosotros?

—Lo estoy comprobando —murmuró Emmett—. Volveré a ponerme en contacto con vosotros.

—¿Puedo dar un salto por encima de él? —pidió George con anhelo. Le encantaba la poca gravedad de Marte y quería seguir botando cada vez más alto—. Así podría ver lo que hace. —El traje blanco de George tenía un color marrón rojizo por el polvo marciano.

—¡No! ¡Chocarías contra él! —respondió Annie—. Aquí solo puedes llegar dos veces y media más alto que en la Tierra. Así que no intentes nada estúpido. Tenemos que acercarnos más a *Homer*, pero por un lado, así evitaremos la cámara.

Dieron unos cuantos pasos de gigante y se aproximaron al robot, que permanecía quieto tras su arrebato de actividad frenética, como si se hubiera agotado y necesitara descansar.

—Ha dejado de hacer tonterías. ¡Avancemos sin hacer ruido hasta él! —dijo Annie—. No era fácil caminar de puntillas con aquellas pesadas botas espaciales, pero hicieron cuanto pudieron por llegar hasta el robot sin ser vistos. Mientras se acercaban a hurtadillas vieron sus patas separadas y firmes sobre el suelo marciano, los dispositivos solares (los paneles que le permitían captar la radiación del Sol y convertirla en energía) sucios de polvo, las gruesas ruedas de goma, la cámara con los ojos redondos y brillantes y el largo brazo robótico que ahora le colgaba sin vida.

Sin embargo, cuando estuvieron más cerca de él, se dieron cuenta de algo más, algo que no habían visto en las imágenes que *Homer* había enviado a la Tierra.

—¡Allí! —gritó Annie—. ¡Mira!

Al lado de *Homer*, sobre la llana superficie marciana, vieron una serie de señales en el polvo y escombros que se amontonaban junto a las ruedas del robot.

—¡Es un mensaje! —chilló George, olvidándose de que no debía gritar a través del transmisor—. ¡Es como el que recibió Cosmos! ¡Es la misma clase de dibujo! ¡Alguien nos ha dejado un mensaje en Marte!

Annie le dio una patada con la bota.

—¡No grites! —susurró.

En ese momento oyeron la voz entusiasmada de Emmett desde la Tierra.

—¿Un mensaje? ¿En Marte? ¿Y qué dice?

—Estamos intentando descifrarlo —respondió Annie—. ¿Y si *Homer* no estaba haciendo el tonto? ¿Y si todo ese baileo era porque nos estaba dejando un mensaje?

Con cuidado, dieron una zancada que los llevó junto a los garabatos que *Homer* había dibujado en el polvo.

—Me va a costar un poco averiguar qué significa —advirtió George.

Annie y él saltaron una y otra vez por encima del mensaje para intentar entenderlo.

—¿Podéis decirme algo de las señales? —preguntó Emmett con impaciencia—. ¿Algo que introducir en Cosmos, por si puede ayudaros?

En ese instante George y Annie sobrevolaban el mensaje.

—Mmm, bueno —dijo George—. Hay un círculo rodeado de otros círculos.

—Podría ser un planeta con anillos —añadió Annie—. Tal vez Saturno. Y mira, a su lado hay unas rocas en fila que podrían ser el Sistema Solar, como en el otro mensaje.

»Y un poco más allá aparece de nuevo el planeta con los anillos, pero también tiene trocitos de piedra alrededor.

—Quizá sean las lunas de Saturno —dijo Emmett—. ¿Creéis que el mensaje os pide que vayáis a las lunas de Saturno? Estoy introduciendo la información en Cosmos, a ver si nos da alguna pista. ¿Podéis contar los trocitos de piedra? Saturno tiene muchas lunas, unas sesenta, pero solo siete son redondas.

El viento, que había comenzado como una suave brisa, comenzaba ahora a soplar con más fuerza, levantando trozos de superficie en el aire y haciéndolas girar.

—¡Oh, no! Advertencia de inclemencias meteorológicas —leyó Emmett en la pantalla de Cosmos—. Llegada de un vendaval por el sur. Posible situación de evacuación.

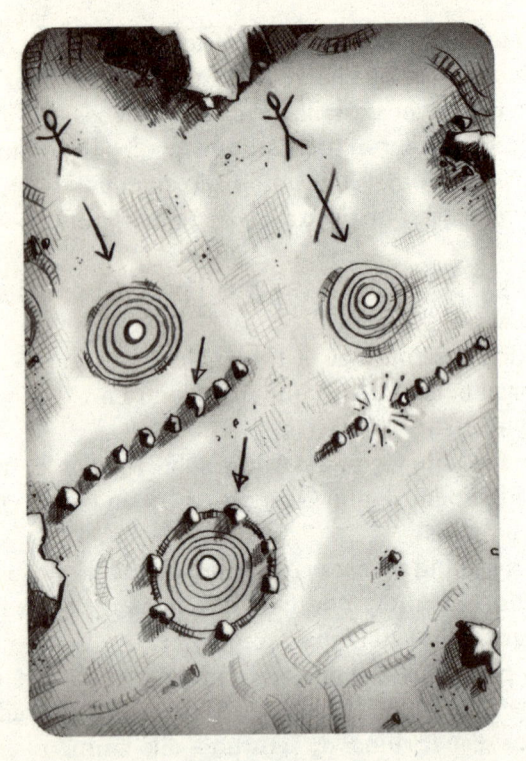

—¡Necesitamos más tiempo! —repuso George—. ¡Aún no sabemos qué significa el mensaje! Estamos intentando contar las lunas que rodean el planeta con anillos.

—Pero el final es el mismo —señaló Annie, a quien se le heló la sangre al ver el último dibujo de la fila—. También anuncia el fin del planeta Tierra.

Dieron otro salto y aterrizaron junto a *Homer*. Annie se agarró con una mano a las patas del robot para que no la arrastrara el fuerte viento; con la otra mano, sujetaba a George.

Emmett habló de nuevo por el transmisor.

—No creo que tengáis más tiempo —dijo con inquietud—. ¡Cosmos ha detectado una enorme tormenta de polvo que se extiende hacia vosotros a gran velocidad! ¡Tenemos que sacaros de ahí antes de que os atrape! Cosmos dice que tal vez no sea capaz de encontraros en mitad de una tormenta de polvo. ¡Oh! —Se interrumpió de súbito.

—Emmett, ¿qué pasa? —En ese momento Annie y George vieron las enormes nubes de polvo a lo lejos, rodando por encima del suelo desierto hacia ellos.

—¡Cosmos se ha bloqueado! —gritó Emmett con desesperación—. Dice: «Portal de regreso no disponible en estos momentos a causa de actualización urgente del sistema». ¡No puede devolveros aquí hasta que se haya actualizado! ¡Solo puede enviaros más lejos!

—¡Sácanos de aquí! —gritó Annie, sin importarle si chillaba demasiado—. ¡Mándanos a algún otro lugar! ¡Lejos de esta tormenta! ¡No podré seguir sujetándome mucho más tiempo!

El viento levantaba el polvo de la superficie alrededor de los dos niños. *Homer* ya estaba cubierto por completo, ni siquiera se veía su brillante dispositivo solar. George y Annie apenas lograban verse mientras el torrente de aire formaba remolinos a su alrededor. Annie seguía agarrada a la pata de *Homer*, con George flotando a sus espaldas, zarandeado por el terrible viento. Se aferraba con las dos manos al brazo de Annie. Pero ambos sabían que, en cualquier momento, podían soltarse y perderse para siempre en Marte.

—¡Las lunas de Saturno! —gritó George a su transmisor de voz—. ¡Si no puedes devolvernos, mándanos más lejos! ¡A la siguiente pista!

A través de la nube arenosa, cada vez más densa, divisaron la tenue silueta de una puerta que se abría junto a ellos.

Cuando la vieron cobrar fuerza, George soltó un brazo y se agarró al marco. Girando sobre sí mismo, apoyó en ella los pies, aún aferrado a Annie, que seguía sujeta a *Homer*.

—¡Abre la puerta! —bramó a Emmett—. ¡Annie! Cuando termine de contar, te lanzaré a través de la puerta. ¡Suelta a *Homer*!

—¡No puedo! —gritó Annie—. ¡No puedo soltarme!

George se dio cuenta de que estaba paralizada por el miedo a salir volando si se soltaba del robot.

—¡Tienes que hacerlo! —ordenó—. No puedo tirar de ti y de *Homer* y pasaros por la puerta. ¡No soy tan fuerte!

La puerta se abrió muy rápido de par en par. Al otro lado vieron un misterioso remolino de color naranja.

—Cuando termine de contar, Annie, ¡suéltate! —gritó George—. Cinco, cuatro, tres, dos, uno. —Trató de lanzarla a través de la puerta pero la niña seguía agarrada a *Homer*—. ¡Cierra los ojos —chilló— y piensa en la Tierra! Yo pasaré detrás de ti, Annie. Iré contigo. Inténtalo otra vez, puedes hacerlo. ¡Cinco! ¡Cuatro! ¡Tres! ¡Dos! ¡UNO!

Annie soltó la pata de *Homer* y salió catapultada a través de la puerta. George se lanzó detrás de ella, se balanceó junto a la puerta y entró en otro mundo... un mundo con el que ni siquiera había soñado.

La puerta se cerró a sus espaldas mientras la nube de polvo engullía la totalidad de Marte, borrando el mensaje de *Homer* y las huellas de Annie y George de la superficie, y cubriendo el pequeño robot con un manto de polvo rojizo. Lo único que quedó de él fue la diminuta luz roja de su cámara, que seguía parpadeando al tiempo que tomaba fotografías de la tormenta marciana y las enviaba al padre de Annie, a millones de kilómetros de distancia, en el apacible planeta Tierra.

Capítulo diez

Lejos de la oficina central de la agencia Espacial Global, aunque muy cerca en cuanto a distancias espaciales, Daisy, la madre de George, acababa de ver salir el Sol en el océano Pacífico. La oscura noche azul zafiro se había convertido en un manto de color celeste al tiempo que las brillantes estrellas se perdían de vista y una tenue neblina se alzaba sobre las aguas cristalinas. Daisy había pasado toda la noche mirando el cielo.

La tarde anterior, durante la puesta del Sol, había visto Mercurio y Venus colgados sobre el horizonte, que desaparecieron cuando la Luna comenzó a salir por el este. Cayó la noche y millones de estrellas relucientes salpicaron el cielo. Entre ellas, Alfa y Beta Centauro, luminosas estrellas que apuntaban hacia la Cruz del Sur, una inmensa constelación que solo se puede ver en el hemisferio sur. Daisy se había tumbado sobre la arena para contemplar el cielo. Justo encima de ella vio las constelaciones de Libra y Escorpio, con Antares, la hermosa estrella que es el corazón de Escorpio, brillando sobre ella.

Mientras observaba las estrellas pensó en George presenciando el lanzamiento del transbordador e imaginó su entusiasmo al ver el despegue de una nave de verdad. Allí sentada en la playa, mirando hacia arriba, poco podía imaginar que George estaba en algún lugar del Sistema Solar, ¡viajando entre Marte y su próximo destino en busca del tesoro cósmico!

Suerte que la pobre Daisy no tenía ni idea de que en ese mismo momento su hijo estaba perdido por el espacio, porque el padre de George, Terence, también estaba perdido en la Tierra, y por esa razón Daisy seguía sentada en la arena, esperando a que apareciera el barco que había tomado su marido. Terence y Daisy habían ido a Tuvalu, un grupo de islas del Pacífico, un hermoso paraíso besado por un mar azul de aguas tranquilas. La arena era blanca, las palmeras se mecían y enormes mariposas y pájaros exóticos revoloteaban entre la tupida vegetación.

Sin embargo, no habían ido allí de vacaciones. Formaban parte de un grupo de amigos ecologistas que pretendía registrar los cambios que afectaban a aquellas islas, islotes y atolones.

Aquellos mares que parecían tan amables, cálidos y atractivos estaban creciendo y amenazaban con engullirse algunas de las islas más pequeñas y eliminar cualquier rastro de vida. Muy pronto, si el nivel del mar seguía creciendo, la gente podría perder sus casas. El océano crecía a causa de una combinación del deshielo en el Antártico, Groenlandia y los glaciares, unida a la expansión termal del agua del mar: al calentarse, el agua ocupa más espacio, lo que resulta en mayor cantidad de agua y menos tierra. Algunas islas y atolones estaban tan bajos que el más mínimo cambio en el nivel del mar se percibía de inmediato, ya que las casas se inundaban y las playas desaparecían; la pista de aterrizaje principal de la capital estaba inutilizada porque durante la mayor parte del año estaba cubierta de agua.

La gente podía marcharse, aunque nadie quería abandonar su hogar y su vida en aquellas islas maravillosas. Sin embargo, los pájaros, mariposas y palomillas que se habían adaptado al clima y al entorno no tenían ningún otro lugar al que ir.

Los habitantes de las islas del Pacífico habían intentado explicar al resto del mundo lo que les estaba sucediendo. Habían asistido a importantes conferencias y habían insistido sobre la posibilidad de que al cabo de pocos años sus casas podrían desaparecer si el nivel del mar seguía creciendo al mismo ritmo por culpa del calentamiento global. Algunos sostenían que los cambios que vivían los tuvaluanos formaban parte de un ciclo habitual de patrones climatológicos que hacían que fuertes tormentas descargaran sobre las islas y los ahogaran monstruosas tormentas. Sin embargo, otros estaban convencidos de que la situación era un indicio de algo más siniestro que no podía explicarse de una forma tan sencilla.

En cierto modo, el hecho de que Tuvalu se estuviera hundiendo no era nada nuevo. Los cinco atolones que formaban el grupo Tuvalu llevaban muchos años hundiéndose en el mar. El famoso explorador y naturalista Charles Darwin había navegado por el Pacífico en 1835 y había dado una explicación sobre cómo se habían formado los atolones, que vistos desde arriba parecen anillos planos de arena alrededor de una laguna. En las aguas tropicales se formaban nuevas islas como resultado de la actividad volcánica. A lo largo de millones de años, se formó coral —organismos que viven en aguas cálidas poco profundas— cerca de la costa de las nuevas islas volcánicas al tiempo que estas se hundían en el mar. Con el tiempo, el atolón desaparecería por completo, pero el coral seguiría creciendo hasta llegar a la superficie y por encima del agua, formando arrecifes y playas.

Sin embargo, este proceso se prolongó durante mucho tiempo, tal vez tanto como treinta millones de años. Los diez años pasados y los cinco que estaban por venir daban a los tuvaluanos muchas razones para estar preocupados, y eran esos rápidos cambios los que los activistas querían registrar.

A tal efecto, el padre de George, Terence, y algunos compañeros habían salido en barco del atolón principal para explorar las islas. Sin embargo, no habían regresado cuando era de esperar. Llevaban consigo mapas, pero ningún sistema de GPS ni teléfono móvil. Habían dicho que se guiarían por las estrellas, igual que otro explorador, el capitán Cook, había hecho muchos años antes cuando navegó por los mares del sur para registrar el tránsito de Venus por delante del Sol.

Por desgracia para Terence, se habían perdido y no habían conseguido encontrar el camino de regreso a Tuvalu, donde los esperaba Daisy, terriblemente preocupada por ellos. Los otros activistas habían enviado botes a buscarlos, pero no habían conseguido avistarlos. Daisy y los demás estaban desesperados; sin duda Terence y sus amigos no llevaban la suficiente agua en el barco para resistir demasiado tiempo y, de día, el sol brilla con gran fuerza en el Pacífico sur. Durante aquella larga noche, Daisy había llamado a Florida para pedir ayuda...

En otra parte del Sistema Solar, mientras George tomaba impulso para cruzar la puerta que lo llevaría de Marte al mundo giratorio de color naranja oscuro que se abría al otro lado, oyó que Annie gritaba:

—¡Está mojado!

George aterrizó a su lado, sobre lo que parecía una pendiente de suelo congelado. Al tomar tierra se tambaleó y tuvo que agarrarse a la puerta para mantenerse en pie. Annie, a la que George había ayudado a cruzar la puerta, se desplazó con lentitud por el aire y aterrizó justo al lado de un canal de líquido oscuro que desembocaba en un enorme lago negro. Por un momento pareció a punto de perder el equilibrio y de caer en la corriente negra. Sin embargo, Annie dobló las rodillas, agitó los brazos y salió volando, saltando con gracilidad por encima del río.

George seguía agarrado al marco. La puerta de regreso a Marte se había cerrado, pero el portal seguía allí, brillando débilmente en aquel entorno de luz tenue. Comprobó la dureza del suelo con una bota. Tuvo la impresión de que era de hielo macizo. Intentó romper un trocito con el talón, pero estaba duro como el granito. Miró alrededor en busca de algo a lo que sujetarse cuando el portal desapareciera, pero no llegaba a alcanzar las rocas que tenía detrás, y la pendiente que descendía frente a él y terminaba en el misterioso río oscuro era toda de hielo.

—Haz lo que sea, ¡pero no te caigas en el río! —gritó Annie desde el otro lado de la rápida corriente de líquido—. ¡No sabemos qué hay ahí dentro!

—¿Dónde estamos? —preguntó George, mirando alrededor. El cielo que los cubría era muy bajo y tupido, y estaba lleno de nubes negras y anaranjadas veteadas. La luz era tenue, como si procediera de una estrella lejana a muchos miles de kilómetros de distancia en el espacio, y las nubes eran tan densas que la luz tenía dificultades para alcanzar la superficie de aquel mundo extraño—. ¿Qué lugar es este?

—No lo sé —respondió Annie—. Parece la Tierra antes de que comenzara la vida. No crees que Cosmos nos haya enviado atrás en el tiempo, ¿verdad? Quizá nos haya transportado de vuelta al principio, para que veamos cómo era todo antes de que sucedieran cosas.

Daba la impresión de que el viento soplaba con suavidad, pero, aun así, George notó una fuerte ráfaga mientras intentaba seguir agarrado al portal.

—George, aquí control de tierra —dijo Emmett, con tono muy serio—. Cosmos no podrá mantener el portal en su sitio mucho más tiempo. Tiene que cerrar la aplicación, si no lo hace es posible que pueda tener problemas de funcionamiento.

—Annie, ¿qué hago? —preguntó George, de repente aterrado por la posibilidad de caer en la corriente y quedar atrapado en el lago.

—Tendrás que saltar —respondió Annie—, ¡como he hecho yo! —La niña estaba en lo que parecía una diminuta playa helada al otro lado del canal, donde se juntaba con la orilla del lago—. Es una zona llana, así que podrás aterrizar sin problemas.

Tras la pequeña playa, un escarpado acantilado sobresalía por encima del misterioso lago negro, sus picos recortados contra el cielo rayado y reluciente como una hilera de agujas gigantescas.

—Se han abierto demasiadas aplicaciones —oyó George que decía Cosmos—. El portal se cerrará de inmediato. Si se trata de un error, por favor, envíen un mensaje al departamento de atención al cliente. Encontrarán los detalles en la caja. Sus comentarios nos son de gran utilidad.

Entonces la puerta se esfumó, dejando a George y a Annie solos en el misterioso planeta. Sin nada a lo que agarrarse, George bajó a trompicones la pendiente en dirección al líquido negro. Dio un salto, como había hecho Annie, y cruzó volando la corriente...

—¡Hace mucho viento! —comentó al aterrizar en la otra orilla. Se sentía como si todos sus movimientos fueran a cámara lenta—. ¡He notado como si me ayudara a cruzar! Pero no parece que sople muy fuerte.

—Quizá sea una atmósfera más densa que la de la Tierra —dijo Annie—. Tal vez por eso nos sentimos como si estuviéramos en una sopera en lugar de en el aire. Y tampoco hay mucha gravedad, por eso no caemos rápido. ¡Oh! ¿Qué es eso? —Las nubes se habían separado y les ofrecían una vista de aquel mundo extraordinario. Al otro lado del lago vieron una enorme montaña con una hondonada allí donde debería estar el pico.

—¡Guau! Parece un volcán extinguido —exclamó George.

Mientras lo observaban, vieron que el cráter escupía gotas inmensas de un líquido azulado.

—¡No creo que esté extinguido! —chilló Annie—. El espeso líquido avanzaba despacio a través de la atmósfera y caía por las paredes inclinadas del volcán, arrastrándose como gigantescas y pegajosas serpientes de vidrio que bajaran por la ladera de una montaña—. ¡Es asqueroso! ¿Qué es? ¿Dónde estamos? ¿Qué planeta es este?

—No estáis en un planeta —les comunicó Emmett por fin—. Estáis en Titán, la luna más grande de Saturno. Estáis a unos mil millones de kilómetros de distancia, cerca de un volcán de hielo, el Ganesa Macula, que en estos momentos está en erupción.

—¿Es peligrosa la erupción? —preguntó George—. Vieron que la gruesa lava descendía y se colaba por canales tallados en aquel paisaje rocoso.

TITÁN

- Es la luna más grande de Saturno y la segunda más grande del Sistema Solar. Solo Ganímedes, una de las lunas de Júpiter, es mayor.

- Titán fue descubierta el 25 de marzo de 1655 por el astrónomo holandés Christiaan Huygens, que se sintió inspirado por el descubrimiento de Galileo de cuatro lunas alrededor de Júpiter. El descubrimiento de que Saturno tenía lunas que orbitaban a su alrededor proporcionó nuevas pruebas a los astrónomos del siglo XVII de que no todos los objetos del Sistema Solar giraban alrededor de la Tierra, como se creía hasta entonces.

- Al principio se creyó que Saturno tenía siete lunas, pero hoy en día sabemos que hay como mínimo sesenta en órbita alrededor del gigante de gas.

- Titán tarda 15 días y 22 horas en orbitar Saturno: el mismo tiempo que esta luna tarda en girar sobre su propio eje, lo que significa que ¡un año en Titán dura lo mismo que un día!

- Es la única luna que conocemos del Sistema Solar que tiene una atmósfera densa. Antes se creía que Titán tenía una masa mucho mayor. Tiene una atmósfera que se compone en su mayor parte de nitrógeno con una pequeña cantidad de metano. Los científicos creen que podría ser similar a la atmósfera de la Tierra primitiva y que es posible que Titán tuviera el material suficiente para iniciar el proceso de vida. Pero esta luna es muy fría y no tiene dióxido de carbono, así que las probabilidades de que ahora albergue vida son muy escasas.

- Titán podría mostrarnos cuál era el estado de la Tierra en un pasado muy lejano y ayudarnos a entender cómo comenzó la vida en nuestro planeta.

- Es el lugar más alejado en el que ha aterrizado una sonda espacial. El 1 de julio de 2004, la nave *Cassini-Huygens* llegó a Saturno. El 26 de octubre de 2004 voló cerca de Titán y la sonda *Huygens* se separó de la nave *Cassini* y aterrizó en Titán el 14 de enero de 2005.

- La *Huygens* fotografió la superficie de Titán: ¡allí también llueve!

- La sonda también descubrió lechos de ríos secos —«indicios de que alguna vez fluyó líquido»— en la superficie. Más tarde, las imágenes de la *Cassini* nos descubrieron restos de hidrocarburo.

- Dentro de miles de millones de años, cuando el Sol sea una gigante roja, ¡puede que en Titán haga el calor suficiente para que allí surja vida!

Ilustración de la nave Cassini acercándose a Saturno.

—Es difícil de saber —respondió Emmett con tono alegre—, puesto que nunca antes había llegado a Titán ninguna forma de vida.

—Genial, Emmett —dijo George de mala gana.

—Los volcanes de hielo despiden agua, aunque puede estar muy fría. Está mezclada con amoníaco, por lo que puede alcanzar los cien grados bajo cero sin congelarse. Así que supongo que no huele demasiado bien. Pero no será un problema para vosotros, porque lleváis trajes espaciales.

—Emmett, ¡aquí hay lagos! ¡Y ríos! —gritó Annie—. Pero son raros y oscuros. No parece que lleven agua.

—¿Por qué Cosmos nos ha mandado aquí? —preguntó George.

—Cuando Annie y tú os disteis cuenta de que la pista llevaba a una de las lunas, Cosmos calculó que Titán era el lugar donde había más probabilidades de que hubiera existido alguna forma de vida, a causa de la composición química de su estructura y de su atmósfera. Cosmos cree que encontraréis la siguiente pista en Titán —explicó Emmett—. Aunque debo admitir que no sabe dónde. Ahora mismo está siendo un poco aguafiestas. A veces es de gran ayuda y de repente se enfurruña.

—¡Oh, cierra el pico! Deja de fastidiarme —se quejó Cosmos.

—¡Oh, mira! —gritó Annie, señalando el lago—. ¿Qué es eso? —Empujado por la corriente, bajaba un objeto que parecía un bote o un salvavidas.

—Es algún tipo de máquina —respondió George—. Parece algo de la Tierra.

—También puede ser —comenzó Annie, pensativa—, que haya alguien aquí y que sea suyo... Emmett —continuó muy despacio—, ¿puedes averiguar si hay alguien más? Y si es así, ¿nos conviene conocerlo?

—Hum... —respondió Emmett—. Estoy buscando en Cosmos para ver qué dicen sus archivos sobre la posibilidad de vida en Titán.

—No —dijo Cosmos bruscamente—. Ahora estoy cansado. No quiero trabajar más. Lárgate.

—Está comenzando a quedarse sin memoria —anunció Emmett—. Y dentro de poco lo necesitaremos para que os abra el portal y os devuelva a casa. Así que lo estoy buscando en la *Guía útil para conocer el Universo*. Aquí está: «¿Hay alguien ahí fuera?». Esto debería aclarárnoslo.

»¿Hay alguien? —dijo Emmett—. No me parece probable, al menos ahí. De momento, creo que solo estáis vosotros y los lagos de metano.

—¡Puaj! ¡Está lloviendo! —gritó Annie—. Extendió una mano para atrapar una gota. Enormes gotas de líquido, tres veces más grandes que las de la Tierra, caían del cielo. Sin embargo, no lo hacían rápido y en vertical, como la lluvia normal. Se entretenían en la atmósfera y revoloteaban y giraban como si fueran copos de nieve.

—¡Oh, no! —dijo Emmett—. ¡Debe de ser lluvia de metano! No estoy seguro de cuánto metano puro serán capaces de soportar vuestros trajes espaciales antes de deteriorarse!

—Espera un segundo... —George miraba fijamente el extraño bote que flotaba cerca de la orilla.

—¡Ja! —exclamó Annie de mal humor—. Pues claro que espero. No puedo hacer mucho más en este sitio.

—¡Hay algo escrito! —dijo George.

—¡Oooh! ¡Qué raro! —Annie se inclinó hacia delante para verlo mejor mientras las enormes gotas caían suavemente

GUÍA ÚTIL PARA CONOCER EL UNIVERSO

¿HAY ALGUIEN AHÍ FUERA?

¿Llegará algún lector de este libro a pasear por Marte? Espero que así sea; además, creo que es bastante probable. Será una aventura peligrosa y tal vez la exploración más emocionante de todos los tiempos. En siglos pasados, los primeros exploradores descubrieron nuevos continentes, fueron a las junglas de África y América del Sur, llegaron a los polos, y escalaron las cimas de las montañas más altas. Quienes viajen a Marte lo harán con el mismo espíritu de aventura.

Sería maravilloso cruzar las montañas, cañones y cráteres de Marte, o incluso sobrevolarlos en un globo. Sin embargo, nadie iría a Marte en busca de una vida más cómoda. Vivir allí será más difícil que en la cima del Everest o en el Polo Sur.

Estos pioneros irán con la esperanza de encontrar algo vivo en Marte.

Aquí en la Tierra hay literalmente millones de formas de vida: limo, moho, setas, árboles, ranas, monos (y, por supuesto, también humanos). Hay vida hasta en los rincones más remotos de nuestro planeta: en cuevas oscuras donde hace miles de años que no llega la luz del Sol, en rocas de áridos desiertos, alrededor de manantiales calientes de agua hirviente, a grandes profundidades por debajo del suelo y en lo más alto de la atmósfera.

Nuestra Tierra está repleta de una extraordinaria variedad de formas de vida. Sin embargo, hay restricciones en cuanto a forma y tamaño. Los animales grandes tienen las patas gruesas pero no pueden saltar como los insectos. Los animales grandes flotan en el agua. Es posible que en otros planetas exista una variedad aún mayor. Por ejemplo, si la gravedad fuera menor, los animales podrían ser más grandes y los de nuestro tamaño podrían tener las piernas delgadas como los insectos.

En la Tierra, si hay vida, hay agua.

En Marte hay agua, por lo que es posible que se desarrollara allí alguna forma de vida. El planeta rojo es mucho más frío que la Tierra y tiene una atmósfera más fina.

GUÍA ÚTIL PARA CONOCER EL UNIVERSO

Nadie espera ver marcianos verdes de ojos saltones como los de los dibujos animados. Si en Marte hubiera alienígenas inteligentes y avanzados, ya sabríamos de su existencia y ¡es probable que ya nos hubieran visitado!

Mercurio y Venus están más cerca del Sol que la Tierra. En ambos planetas hace mucho más calor. La Tierra es un planeta Goldilocks —se llama así a los planetas en los que no hace demasiado frío ni demasiado calor—. Si en la Tierra hiciera demasiado calor, hasta la forma de vida más tenaz se achicharraría. En Marte hace bastante más frío, pero no es un planeta del todo gélido. Los planetas más alejados son todavía más fríos.

¿Qué decir de Júpiter, el planeta más grande de nuestro Sistema Solar? Si en este inmenso planeta, donde la fuerza de la gravedad es mucho mayor que en la Tierra, hubiera prosperado la vida, podría haber criaturas de lo más extrañas... Por ejemplo, animales enormes con forma de globo que flotarían en la densa atmósfera.

Júpiter tiene cuatro lunas enormes que quizá pudieran albergar vida. Una de ellas, Europa, está cubierta por una gruesa capa de hielo debajo de la cual hay un océano. ¿Es posible que haya criaturas nadando en ese océano? A fin de buscarlas, planeamos enviar un robot en un submarino.

La luna más grande del Sistema Solar es Titán, una de las muchas lunas de Saturno. Los científicos ya han enviado una sonda a la superficie de Titán y han descubierto ríos, lagos y rocas. Sin embargo, allí la temperatura es de -170 °C y el agua se congela. Lo que corre por los ríos y lagos no es agua sino metano, por lo que no sería un buen lugar para vivir.

Ampliemos nuestros horizontes más allá de nuestro Sistema Solar y fijémonos en otras estrellas. Hay decenas de miles de millones de estos

GUÍA ÚTIL PARA CONOCER EL UNIVERSO

soles en nuestra galaxia. Incluso la más cercana a nosotros está tan lejos que, a la velocidad de un cohete actual, tardaríamos millones de años en llegar hasta ella. De igual modo, si existieran alienígenas inteligentes en un planeta que orbitara una estrella, sería difícil que nos visitaran. Resultaría mucho más sencillo enviar una señal de radio o de láser que atravesar las distancias alucinantes del espacio interestelar.

Si recibiéramos una señal de respuesta, sería de alienígenas muy distintos a nosotros. Es más, podría venir de máquinas cuyos creadores hubieran desaparecido o se hubieran extinguido tiempo atrás. Y, por supuesto, tal vez haya alienígenas que tengan grandes «cerebros», pero tan distintos a nosotros que no los reconoceríamos ni seríamos capaces de comunicarnos con ellos. Es posible que algunos no quieran presentarse (¡aunque quizá estén observándonos!). Puede que haya delfines superinteligentes que sean felices teniendo pensamientos profundos bajo algún océano alienígena, sin hacer nada por revelar su presencia. También podría haber «cerebros» en los enjambres de insectos, que actuarían juntos como un único ser inteligente. Y puede que haya muchos más que jamás seremos capaces de detectar. La ausencia de pruebas no implica la prueba de su ausencia.

Hay miles de millones de planetas en nuestra galaxia, y nuestra galaxia es tan solo una entre muchos miles de millones. La mayoría de la gente supone que el cosmos está lleno de vida... pero no es más que una suposición. Aún sabemos muy poco sobre cómo se originó la vida y cómo evoluciona para afirmar que las formas simples de vida son comunes. Todavía sabemos menos acerca de las probabilidades que hay de que las formas simples de vida evolucionen del mismo modo que lo hicieron en la Tierra. Mi teoría, por si sirve de algo, es que las formas simples de vida son realmente muy comunes, pero que la vida inteligente es mucho más excepcional.

De hecho, puede que no haya vida inteligente fuera de nuestro planeta. La compleja biosfera terrestre podría ser única. Tal vez estemos solos. De ser cierto, sería una decepción para quie-

GUÍA ÚTIL PARA CONOCER EL UNIVERSO

nes buscan señales alienígenas e incluso esperan que los extraterrestres nos visiten algún día. Sin embargo, el fracaso en la búsqueda no debe desanimarnos. En realidad, tal vez sea una razón para alegrarnos, porque entonces podremos ser menos modestos en cuanto al lugar que ocupamos en el Universo. Nuestro planeta Tierra podría ser el lugar más interesante del cosmos.

Si la vida es exclusiva de la Tierra, podríamos considerarlo un hecho cósmico secundario, aunque no tiene por qué ser así. La evolución aún no ha terminado... En realidad, podría decirse que estamos más cerca de su principio que de su final. Nuestro Sistema Solar apenas ha alcanzado la madurez: aún faltan seis mil millones de años para que el Sol se hinche, envuelva a los planetas interiores y destruya cualquier forma de vida que aún exista en la Tierra. La vida y la inteligencia actuales pueden ser tan diferentes en un futuro lejano como lo somos nosotros respecto de un insecto. La vida podría expandirse desde la Tierra por toda la Galaxia, dando lugar a una complejidad mucho mayor de la que podríamos imaginar. Así, nuestro pequeño planeta —este puntito azul claro que flota en el espacio— podría ser el lugar más importante de todo el cosmos.

Martin

sobre su casco—. Es verdad. Ahora lo veo... Bueno, ¡hemos tenido suerte! —dijo mirando aquel objeto redondo, ahora varado en la orilla del lago—. ¡Mira eso! ¡Sí llegó de la Tierra! ¡Es escritura humana!

En grandes letras a un lado de aquel objeto congelado leyeron la palabra «HUYGENS».

—Emmett, lleva escrito «Huygens» —informó Annie—. ¿Qué significa? No será una bomba, ¿verdad?

—¡Claro que no! —respondió Emmett—. Habéis encontrado la sonda *Huygens*, ¡la que mandaron a Titán! No creo que funcione, pero, aun así es para quedarse frío. Muy frío. ¡Tanto como ciento setenta grados bajo cero!

—¡Pero eso no es todo! —exclamó Annie—. ¡Hay algo más escrito en ella! ¡Son letras alienígenas!

Al lado de Annie, George veía el dibujo con claridad.

—¡Es como un mensaje en una botella! —gritó—. ¡Solo que no en una botella! Es un mensaje en una sonda.

Pintada sobre la sonda, había otra hilera de dibujos...

Capítulo once

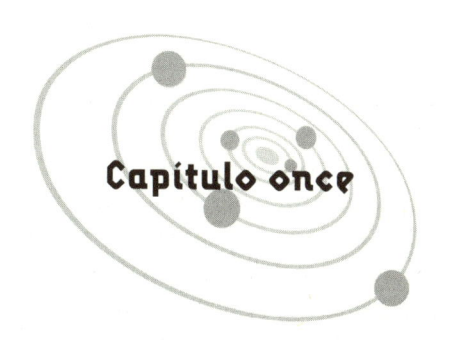

En la Tierra, Emmett estaba sentado en el suelo, en medio de la Sala Blanca, con Cosmos y la *Guía útil para conocer el Universo* abiertos delante de él cuando oyó un alboroto. Las máquinas de limpieza de la entrada comenzaron a zumbar de repente y sobre la puerta se iluminó una señal roja. «DESCONTAMINANDO», se leía, y sonó un fuerte pitido mientras la luz parpadeaba. Emmett no se había fijado en la señal al entrar, ajetreado mientras la máquina lo cepillaba, frotaba y lo metía en el traje blanco. Sin embargo, ahora no podía pasarla por alto. ¡Significaba que iba a entrar alguien!

Con el corazón a mil, se puso en pie. No quería guardar a Cosmos, que ya estaba listo para transportar a George y a Annie de Titán a donde fuera que pudieran encontrar la pista siguiente. Pero tampoco quería que un recién llegado lo molestara e interrumpiera a Cosmos mientras realizaba una operación tan importante y complicada.

Emmett vio de repente lo que parecía una brillante lámina de papel de aluminio amarillo. Era el papel que se utilizaba para proteger las sondas del calor de los rayos solares cuando viajaban por el espacio. Con mucho cuidado cubrió a Cosmos con él y se quedó de pie delante del ordenador, intentando dar una imagen despreocupada y tranquila, como si soliera entrar en salas blancas y pasear entre la enorme maquinaria para preparar los viajes espaciales. Se ajustó la máscara con la esperanza de que quien entrara no se diera cuenta de que era un niño y pensara que era un operario muy bajito.

Una figura salió expulsada de la máquina de descontaminación y aterrizó en la Sala Blanca. Se tambaleó un poco, avanzando en zigzag con su traje blanco, hasta que logró habituarse. Era imposible adivinar quién podía ser porque, además, parecía que la máquina de descontaminación le había puesto la máscara al revés, de modo que, donde debería haber ojos y barbilla, había tan solo cabello oscuro.

—¡Ay! —gritó la figura al tropezar con un satélite a medio montar—. ¡Por todos los hadrones! —Saltó sobre un pie y después sobre el otro—. ¡Me he aplastado el dedo gordo! ¡Ay!

Emmett sintió que se le revolvía el estómago, como cuando comía algo a lo que sabía que era alérgico. Solo había una persona que pudiera esconderse debajo de ese traje, y era la última persona a quien Emmett quería ver en aquel momento.

La figura saltarina dejó de bailotear y se arrancó la máscara, aún del revés, y la capucha. Era, por supuesto, Eric.

—¡Ah! —dijo mirando a Emmett, vestido con su traje blanco—. ¿Es que trabajas aquí, por casualidad?

—Esto... sí, ¡eso es! —respondió Emmett con su tono de voz más profundo—. Claro. Llevo años trabajando aquí. De hecho, soy un veterano. No me reconoce porque llevo la máscara...

—Es solo que se parece un poco... bueno, un poquito, tal vez...

—Antes era más alto —respondió Emmett con su voz de adulto—. Pero con la edad he encogido.

—Sí, sí, interesante —dijo Eric con calma—. Bueno, de hecho, señor...

—Hum... —Emmett carraspeó—. Profesor, si no le importa.

—Por supuesto, profesor...

Emmett estaba aterrado.

—Profesor Spock —dijo sin pensar.

—Profesor... Spock —repitió Eric lentamente.

—Sí, eso —añadió Emmett—. Eso es. El profesor Spock, de la Universidad de... Emprendedores.

—Bien, profesor Spock —dijo Eric—. Me pregunto si podría ayudarme. Estoy buscando a unos niños que, al parecer, he perdido. ¿Tal vez ha visto a alguno por aquí? O, teniendo en cuenta que es tan mayor y tan sabio, quizá pueda decirme dónde pueden estar. Una cámara de seguridad los vio en esta zona.

—¿Niños? —repitió Emmett con brusquedad—. No los soporto. En mi Sala Blanca no admito niños. No, no. Ningún niño ha pasado por aquí.

—El hecho es que me urge encontrarlos —dijo Eric con amabilidad—. En primer lugar, estoy preocupado por ellos y me gustaría saber que están bien. Pero además se ha producido una situación de emergencia que tiene que ver con uno de los niños desaparecidos.

—Ah, ¿sí? —preguntó Emmett, olvidándose de utilizar su voz de adulto.

—Sí. Es algo sobre el padre del niño —aclaró Eric.

—¿Sobre su padre? —Emmett se quitó la máscara—. ¿Está bien? ¿Le ha pasado algo a mi padre? —Los ojos se le llenaron de lágrimas.

—No, Emmett —respondió Eric, mientras lo rodeaba con un brazo y le daba unos golpecitos en la espalda—. No es tu padre. Es el de George.

Eric comenzó a contarle a Emmett la historia sobre el padre de George —adónde había ido y por qué, y cómo se había perdido en el Pacífico Sur—, pero lo interrumpió el ruido de la máquina descontaminadora, que volvía a pitar otra vez.

—¡Pip! ¡Pip! —La luz roja de la puerta parpadeó de nuevo al tiempo que otra persona entraba en la máquina.

—¡Aparta de mí tus sucias manos robóticas! —gritó una voz indignada—. ¡Soy una mujer mayor! ¡Me debes un respeto!

Oyeron un chirrido y les pareció que la máquina se detenía, y a continuación un ruido de pasos justo antes de que se abriera la puerta y asomara una anciana con gesto furioso que sujetaba un bolso y un bastón, ambos envueltos en plástico blanco.

El pitido había cesado y la luz roja se había detenido en mitad de un parpadeo.

—¿Qué diablos ha sido eso? —preguntó la anciana. No llevaba el traje blanco sino que iba vestida con su habitual conjunto de tweed—. No permitiré que una maldita máquina me trate de ese modo. ¡Ah, Eric! —exclamó al verlo—. Te he encontrado. No puedes escapar de mí, ya lo sabes.

—Sí, empiezo a darme cuenta de ello —murmuró Eric.

—¿Cómo has dicho? Estoy sorda, tendrás que escribirlo. —Arrancó el plástico que envolvía su bolso y hurgó en él en busca del cuaderno.

—Emmett —dijo Eric con resignación—, te presento a Mabel, la abuela de George. Ha venido a pedirme que la ayude a buscar al padre de George, Terence, quien, como te he explicado, se ha perdido en el Pacífico Sur. El aviso de emergencia que recibí antes era de Mabel, que se ha enterado de la noticia por Daisy, la madre de George.

Sacó el cuaderno de Mabel y anotó: «Mabel, este es Emmett. Es amigo de George y va a decirme adónde han ido Annie y George».

Mabel miró a Emmett y le dedicó una sonrisa llena de afecto y calidez.

—¡Oh, Eric! —exclamó—. ¡Tienes una memoria espantosa! Emmett y yo nos conocimos en el aeropuerto, así que ya somos viejos amigos. Aunque debes recordar que estoy sorda, así que si quieres hablar conmigo tendrás que escribirlo.

—Larga vida y prosperidad —respondió Emmett, haciéndole el saludo de Vulcano con un mano mientras escribía en su cuaderno con la otra.

—Gracias, Emmett —respondió Mabel—. En realidad, he vivido muchos años y he prosperado muchísimo —dijo, y le devolvió el saludo.

—No lo entiendo. ¿Cómo rescatarás al padre de George si está en el Pacífico y tú estás aquí? —preguntó Emmett a Eric—. ¿Enviarás un cohete para que lo pase a recoger?

—Ah, vaya, te olvidas de algo —respondió Eric—. Tengo satélites; bueno, en realidad, son de la agencia Espacial Global, que orbitan la Tierra. Las misiones espaciales no solo sirven para explorar el cosmos, también observan la Tierra para que sepamos lo que ocurre en nuestro planeta. Así que he pedido al departamento de satélites que presten atención a esa parte del océano Pacífico, a ver si encuentran a Terence. Cuando sepamos dónde está, podremos decírselo a Daisy y a sus amigos y ellos mandarán a alguien al rescate. Crucemos los dedos, pero creo que Terence estará pronto a salvo.

SATÉLITES EN EL ESPACIO

Un satélite es un objeto que orbita —o gira— alrededor de otro objeto, como la Luna alrededor de la Tierra. La Tierra es un satélite del Sol. Sin embargo, solemos utilizar la palabra «satélite» para referirnos a los objetos fabricados por el hombre que enviamos al espacio en un cohete para que cumplan ciertos cometidos, como tareas de navegación, ya sean de control o de comunicación.

Los cohetes fueron inventados por los chinos de la antigüedad hacia el año 1000 d. C. Muchos cientos de años después, el 4 de octubre de 1957, dio comienzo realmente la Era Espacial, cuando los rusos utilizaron un cohete para lanzar el primer satélite en órbita alrededor de la Tierra. El *Sputnik*, una pequeña esfera capaz de devolver a la Tierra una tenue señal de radio, se convirtió en toda una sensación. En esa época recibió el nombre de «Luna Roja», y gentes de todo el mundo sintonizaban sus aparatos de radio para captar su señal. El telescopio *Mark I* del Jodrell Bank, en el Reino Unido, fue el primer gran radiotelescopio en utilizarse como antena localizadora para trazar el curso del satélite. Poco después del *Sputnik* llegó el *Sputnik II*, también llamado *Pupnik*, ¡porque llevaba una pasajera a bordo! Laika, una perra rusa, se convirtió en el primer ser vivo terrestre en viajar al espacio.

Los estadounidenses intentaron lanzar su propio satélite el 6 de diciembre de 1957, pero el satélite solo consiguió levantarse 1,2 metros del suelo antes de estallar. El 1 de febrero de 1958, el *Explorer I* tuvo más éxito, y pronto, las dos superpotencias de la Tierra —la URSS y los EUA— compitieron también para ser las más grandes en el espacio. En esa época, sospechaban la una de la otra y no tardaron en darse cuenta de que los satélites también servían para espiarse. Sirviéndose de fotografías tomadas desde más allá de la Tierra, las dos superpotencias esperaban descubrir detalles sobre las actividades que se llevaban a cabo en el otro país. La revolución de los satélites había comenzado.

En un principio, la tecnología de los satélites se desarrolló con fines militares y de inteligencia. En la década de 1970, el gobierno estadounidense lanzó 24 satélites, que devolvieron señales temporales e información orbital. Esto nos llevó al primer sistema de posicionamiento global (GPS). Esta tecnología, que permite a los ejércitos cruzar desiertos por la noche y que los misiles de largo alcance hagan blanco con precisión, ¡la utilizan ahora millones de conductores para no perderse! Conocida con el nombre de navegación por satélite, también ayuda a que las ambulancias lleguen más rápido hasta los heridos y a que los guardacostas inicien misiones de búsqueda y rescate muy efectivas.

Los satélites también cambiaron para siempre las comunicaciones alrededor del mundo. En 1962, una compañía telefónica estadounidense lanzó el *Telstar*, un satélite que emitió el primer programa de televisión en directo desde Estados Unidos a Francia y Gran Bretaña. Los británicos vieron tan solo imágenes borrosas durante unos minutos, pero los franceses recibieron imágenes claras y sonido. ¡Incluso lograron devolverles una transmisión de Yves Montand cantando «Relax, You Are in Paris»! Antes de la aparición de los satélites, los acontecimientos tenían que grabarse, y la película debía viajar en avión para que la vieran en otros países. Con la llegada del *Telstar*, los grandes acontecimientos mundiales —como el funeral del presidente de Estados Unidos John F. Kennedy en 1963, o el Mundial de 1966— pudieron ser retransmitidos por primera vez a lo largo y ancho del mundo. Los teléfonos móviles e internet son otros medios con los que pueden utilizarse los satélites hoy en día.

¡No solo los espías utilizan las imágenes por satélite! La posibilidad de observar la Tierra desde el espacio nos ha permitido descubrir patrones, tanto en la Tierra como en la atmósfera. Podemos medir el uso del suelo y observar la expansión de las ciudades y los cambios en desiertos y bosques. Los granjeros utilizan las imágenes por satélite para controlar sus cosechas y decidir qué campos necesitan fertilizantes.

Además, los satélites han cambiado nuestro conocimiento acerca del tiempo. Hacen previsiones meteorológicas más exactas y nos muestran el modo en que emergen los patrones meteorológicos y cómo se desplazan por el mundo. Los satélites no pueden cambiar el tiempo pero sí localizar huracanes, tornados y ciclones, lo cual nos permite emitir advertencias de mal tiempo.

A finales de los noventa, el satélite de la NASA *TOPEX-Poseidón*, que trazaba el mapa de los océanos, proporcionó información suficiente para que los observadores del tiempo descubrieran el fenómeno El Niño. Y recientemente se ha lanzado *Jason*, una nueva serie de satélites de la NASA que recogerá datos sobre el papel del océano en relación con el clima de la Tierra. A su vez, nos ayudará a entender mejor el cambio climático, pues recibiremos imágenes detalladas del deshielo de los casquetes polares, de la desaparición de mares interiores y del crecimiento del nivel oceánico... ¡Información que necesitamos con urgencia!

SATÉLITES EN EL ESPACIO (cont.)

Del mismo modo que los satélites pueden observar la Tierra y transformar el conocimiento que tenemos sobre nuestro planeta, también han cambiado la percepción que tenemos del Universo que nos rodea. El telescopio espacial *Hubble* fue el primer observatorio espacial a gran escala. Orbitando la Tierra, el *Hubble* ha ayudado a los astrónomos a calcular la edad del Universo y ha demostrado que se expande a un ritmo acelerado.

Hay 3.000 satélites en órbita alrededor de la Tierra, que cubren hasta el último centímetro cuadrado del planeta. El mundo exterior comienza a estar demasiado poblado y eso podría resultar peligroso. Los satélites en una órbita baja alrededor de la Tierra se mueven con gran rapidez, a unos 30.000 kilómetros por hora. No es habitual que choquen, pero cuando lo hacen, ¡forman un lío tremendo! Incluso una salpicadura de pintura que viajara a esa velocidad podría causar daños si impactara contra una nave espacial. Puede que haya un millón de residuos espaciales orbitando alrededor de la Tierra, pero solo unos 9.000 de esos residuos son más grandes que una pelota de tenis.

—¿Y no podrían los satélites medir la subida del nivel del mar? —preguntó Emmett.

—Pues sí, podrían —respondió Eric—. Y me habría gustado ayudarles, si me lo hubieran pedido. Sin embargo, la exploración humana y las experiencias personales son también muy importantes. Durante su viaje habrán aprendido muchas cosas que los satélites no nos pueden aclarar. Pero podríamos haber trabajado juntos en este proyecto. Tal vez ahora lo hagamos. Daisy llamó a Mabel para decirle que Terence había desaparecido y Mabel ha venido directa a buscarme. Y, por supuesto, ha hecho lo correcto. En cualquier momento lo encontraremos —concluyó, con cierto aire de suficiencia—. Por cierto, ¿dónde están George y Annie? ¿Estáis jugando al escondite? —Eric sonrió y a Emmett le dio un vuelco el corazón.

—Estamos jugando a una especie de juego... —tartamudeó.

—¡Ah, bien! —dijo Eric—. ¡¡¡Mabel, los niños están jugando a un juego!!! ¿A cuál? Tal vez nosotros también podamos jugar. No me iría mal algo de diversión, después de haberme perdido el lanzamiento.

—Bueno, algo así como la búsqueda de un tesoro —respondió Emmett lentamente.

—Ajá... —dijo Eric.

—¿Un juego? —preguntó Mabel—. ¡Qué emocionante!

—Un juego en el que hay pistas y tienes que descubrirlas para saber adónde ir —continuó Emmett, mientras deseaba con todas sus fuerzas salir disparado al espacio en ese mismo instante y no tener que terminar lo que estaba diciendo.

Eric anotó algo en el cuaderno de Mabel.

—¡La búsqueda del tesoro! ¡Espléndido! —exclamó al leer la nota—. Vaya, no solo tienes una memoria espantosa, Eric.

Tu letra también es horrible. ¿Cómo has podido llegar tan lejos en la vida?

—¿Cuál es la pista? ¿Adónde han ido?

Eric seguía sonriendo cuando Cosmos, desde debajo de su manta térmica reflectante, dijo en voz alta:

—¡Tin! ¡Se ha completado el envío! Fase tres de la misión iniciada.

Eric dejó de sonreír tan pronto como oyó la voz de Cosmos. Corrió hacia el brillante bulto de papel arrugado, lo retiró de un tirón y descubrió su potente ordenador.

—¡¡¡Es mi ordenador!!! —gritó en voz tan alta que incluso Mabel lo oyó sin dificultad—. Dime, ¿a qué lugar del Universo han viajado Annie y George?

Capítulo doce

Eric parecía tan enfadado que, por un horripilante momento, Emmett tuvo una visión relámpago de Eric explotando como una supernova, con un estallido de radiación reluciente, capaz de eclipsar toda una galaxia. Miraba a Emmett fijamente, toda la fuerza de la furia nuclear centelleando en sus ojos.

—Si has hecho lo que creo que has hecho... —dijo.

Emmett tan solo pudo abrir y cerrar la boca, como un pececito. Intentó hablar, pero no consiguió pronunciar palabra y se limitó a emitir una suerte de gorjeo.

—¿Dónde están Annie y George? —preguntó en voz baja pero con rabia, su cara pálida por la agitación.

—E... e... e... —fue cuanto Emmett logró responder.

Los brillantes ojos de Mabel miraban alternativamente a Eric y a Emmett, como si intentara descifrar qué estaba ocurriendo.

—Dímelo —ordenó Eric—. Necesito saberlo.

Emmett movió los labios pero seguía sin salirle la voz. Tragó saliva mientras los ojos comenzaban a llenársele de lágrimas.

—¡Está bien! —dijo Eric—. Si te niegas a decírmelo, se lo preguntaré a Cosmos. —Se arrodilló en el suelo delante del ordenador y empezó a teclear con furia—. ¿Cómo has podido? —murmuró para sí—. ¿Cómo has podido hacer esto?

Mabel se acercó a Emmett y le dio el cuaderno y un lápiz.

—Si es algo demasiado difícil de decir —susurró—, tal vez te resulte más fácil escribirlo. Así, lo que tengas que contarle a Eric, puedo decírselo yo por ti.

Emmett la miró agradecido y los cogió. Mordisqueó el extremo del lápiz, sin saber por dónde empezar.

—¿Qué te parece si te hago algunas preguntas? —propuso Mabel con amabilidad—. Puede ser una buena forma de empezar. ¿Por qué se ha molestado tanto Eric?

«Se ha enfadado porque nos llevamos su ordenador especial, Cosmos», escribió con letra clara en el cuaderno de Mabel.

—¿Por qué es tan especial? —preguntó Mabel.

«Te puede hacer viajar por el Universo.»

—¿Annie y George han salido de viaje?

Emmett asintió con los ojos llenos de miedo. Sin embargo, Mabel le sonrió y le indicó que siguiera escribiendo. Emmett tragó saliva y obedeció.

«Estaban en Titán, pero acaban de atravesar el portal que lleva al sistema estelar más cercano a nosotros, el Alfa Centauri. Creen que es allí donde encontrarán la siguiente pista. La primera pista les llegó a la Tierra, encontraron la segunda en Marte y la tercera en Titán.»

—Ah, la búsqueda del tesoro. —Mabel asintió como si lo entendiera todo.

Eric seguía aporreando a Cosmos, que no ayudaba mucho.

—¡Lárgate! ¡Acceso denegado! —gritó enfadado el superordenador. Emmett los miró con aire nervioso.

—¿Quién les está dejando esas pistas? —preguntó Mabel.

«No lo sabemos —escribió Emmett—. Pero todos los mensajes terminan igual: amenazan con destruir el planeta Tierra si no seguimos las pistas.»

—¿Alguna pista más sobre las pistas?

«Bueno —escribió Emmett con algún garabato—, creo que he descubierto algo, pero podría estar equivocado», y a continuación dibujó unos puntos suspensivos.

—Continúa —dijo Mabel, mientras Eric soltaba un grito de desesperación. Mabel apoyó una mano en el hombro de Emmett para tranquilizarlo—. Enseguida nos ocuparemos de él.

«La primera pista les llegó a la Tierra, donde ya hay vida. La segunda estaba en Marte, donde pensamos que pudo haber vida en el pasado. La tercera estaba en Titán, que es una luna de Saturno. Es posible que Titán sea ahora como la Tierra justo antes de que aquí hubiera vida. Así que hemos pensado que la cuarta pista los llevará a Alfa Centauri, el sistema estelar más próximo a nosotros y el lugar más cercano en el que buscaríamos señales de vida fuera del Sistema Solar. Y tienen que encontrar un planeta en un sistema estelar binario. Eso es lo que dice la pista.»

—Es decir, crees que están siguiendo un rastro de vida en el Universo para evitar que se extinga la vida en la Tierra —dijo Mabel—. Eres un muchacho muy listo, Emmett. ¡Eric! —gritó, y le dio un golpecito en la espalda con el bastón.

—Déjeme en paz. Estoy ocupado —gruñó Eric mientras Cosmos le dedicaba una sonora pedorreta.

—Bueno, ¡peor para ti! —exclamó Mabel—. Tengo algo que decirte. Y cuando se tienen mis años, se habla cuando se quiere, aunque a los demás no les apetezca escucharte. Eric, has asustado tanto a este pobre niño que no se atreve a decirte lo que sabe. Así que, si intentas ser un poco amable, dejará de estar aterrado y podrá ayudarte a solucionarlo.

«Este niño ha puesto en gran peligro a George y a Annie. Estoy que echo humo», escribió Eric en el cuaderno de Mabel.

—Ya nos hemos dado cuenta de eso —dijo Mabel—. Pero también estás desperdiciando un tiempo precioso y tienes que escucharnos. Y deja de echarle las culpas a Emmett.

Entonces Eric estalló.

—De algún modo consiguió arreglar mi ordenador y no me lo dijo —se quejó—. Y después dejó que Annie y George salieran al Universo tras un extraño mensaje que Annie cree haber recibido a través del ordenador, que en ese momento no funcionaba, de unos extraterrestres, que además no existen. Y ahora Cosmos vuelve a funcionar mal, ¡y no tenemos ni idea de si podremos hacerlos regresar!

Mabel había oído con claridad todas sus palabras.

—¡Oh, ya basta! —exclamó con brusquedad—. No es culpa de Emmett. Está claro que ha sido obra de tu hija y de mi nieto. Su huella está por todas partes. George me dijo que había venido a Florida porque Annie quería hacer algo muy importante con él. Y debe de ser esto. Han salido para cumplir una misión porque creen que la Tierra corre peligro y quieren hacer algo para evitarlo. Recibieron la primera pista en la Tierra, pero Emmett me ha dicho que los llevó hasta Marte, donde encontraron una nueva pista que los llevó a Titán. Acaban de salir de allí y han ido a echar un vistazo a... —Mabel comprobó su cuaderno— ... Alfa Centauri.

—¿Qué? —preguntó Eric—. ¿Estás diciendo que no han salido solo para divertirse, como travesura? ¿Quieres decir que han ido a un lugar en concreto, que han encontrado una pista y han seguido su viaje?

Emmett asintió, con los ojos cerrados con fuerza.

—¡Por Einstein! ¿Cómo pudieron hacer eso? —preguntó Eric sin dar crédito.

—Mmm, creé la aplicación de un portal remoto cuando reparé a Cosmos —susurró Emmett, que poco a poco recuperaba la voz—. Lo siento mucho.

Eric se quitó las gafas y se frotó los ojos.

—¿Y dices que han ido a Marte y han encontrado otra pista?

—Ajá —respondió Emmett—. Estaba dibujada en la superficie del planeta, junto a las ruedas de *Homer*.

Eric volvió a ponerse las gafas y se levantó de un salto.

—Emmett —masculló, cogiendo al niño por los hombros—, siento haberte gritado. Pero tengo que llegar hasta George y Annie de inmediato. ¿Puedes enviarme a Alfa Centauri?

Emmett agachó un poco la cabeza.

—Puedo intentarlo —respondió nervioso—. Pero Cosmos está siendo un poco rebelde y me preocupa que esté utilizando demasiada memoria. No sé qué pasará si mando a alguien más a través del portal.

Sin embargo, Eric ya se había puesto su traje espacial.

Emmett se dejó caer delante de Cosmos con las piernas cruzadas. Mabel se quedó de pie junto a él.

—Mis pobres articulaciones no me permitirán hacer eso —se lamentó.

—¡Oh! —exclamó Emmett—. Se levantó de inmediato, cogió a Cosmos y lo colocó sobre el satélite a medio montar para que la abuela de George pudiera ver la pantalla. Buscó piezas de maquinaria y construyó una especie de silla para que Mabel se sentara.

—Gracias, Emmett —dijo Mabel—. Eres un chico muy considerado.

—De nada —respondió con seriedad. Intentó extender un pedazo de papel amarillo metalizado encima de sus rodillas, pero Mabel se lo impidió.

—¡Tú a lo tuyo! —dijo con tono afectuoso—. Concéntrate en tu ordenador y no te preocupes por esta anciana.

Nervioso, Emmett puso su contraseña, esperando que Cosmos no reaccionara tan mal como con Eric.

—Acceso permitido —dijo Cosmos con amabilidad. A continuación Emmett introdujo la orden de localizar la actividad reciente del portal para crear otra puerta desde la Tierra y enviar a Eric junto a Annie y George. En ese momento, no era la actitud de Cosmos lo que preocupaba a Emmett, sino su capacidad de realizar tareas fundamentales.

—Planeta... órbita... Alfa Centauri... —dijo Cosmos lentamente—. Buscando coordenadas de actividad de portal reciente en el sistema estelar Alfa Centauri... buscando... planeta en órbita... buscando información... buscando localización del último portal... —Un pequeño reloj de arena apareció en su pantalla. Emmett pulsó varias teclas pero Cosmos no respondió. Lo único que sucedió fue que el pequeño reloj de arena parpadeó un par de veces, como si tratara de recordarle que estaba ocupado.

«Creo que se está quedando sin memoria —escribió Emmett en el cuaderno de Mabel mientras esperaban—. Está utilizando mucha en estos momentos para hacer funcionar los portales en el lejano espacio. Es muy importante que no le hagamos demasiadas preguntas difíciles ahora mismo.»

—¿Qué necesitamos saber? —preguntó Mabel.

«Necesitamos saber dónde ha enviado a Annie y a George. Le pidieron que les encontrara un planeta en el sistema estelar Alfa Centauri.»

—¿Y cómo se encuentra un planeta en el espacio...?

GUÍA ÚTIL PARA CONOCER EL UNIVERSO

CÓMO ENCONTRAR UN PLANETA EN EL ESPACIO

Los planetas no generan su propia energía, lo cual hace que estén muy poco iluminados en comparación con las estrellas nucleares. Si utilizas un potente telescopio para hacer la foto de un planeta, su tenue luz se perderá en el brillo de la estrella que orbita.

Sin embargo, podemos detectar planetas mediante la fuerza gravitacional que ejercen sobre su estrella. Los planetas atraen manzanas, lunas y planetas hacia sí mediante la gravedad, y también a su estrella. De igual modo que un perro atado a una correa puede tirar de su amo, un planeta puede tirar de su estrella, y en este caso la correa es la gravedad.

Los astrónomos pueden observar una estrella próxima a nosotros, en especial si está tan cerca como las Alfa Centauri A y B, para comprobar si algún planeta desconocido está tirando de ella. El movimiento de respuesta de una estrella es señal reveladora de un planeta, y ese movimiento puede detectarse de dos formas distintas.

En primer lugar, las ondas de luz de la estrella están comprimidas o expandidas según se acerque o se aleje de nosotros (esto se llama el efecto Doppler).

En segundo lugar, dos telescopios que se utilicen a la vez pueden combinar las ondas de luz de una estrella para detectar su movimiento.

Los planetas, ya sean pequeños como la Tierra o grandes como Júpiter, pueden ser detectados utilizando estas técnicas.

¡Tal vez un día descubras un planeta que nadie haya visto antes!

Geoff

Capítulo trece

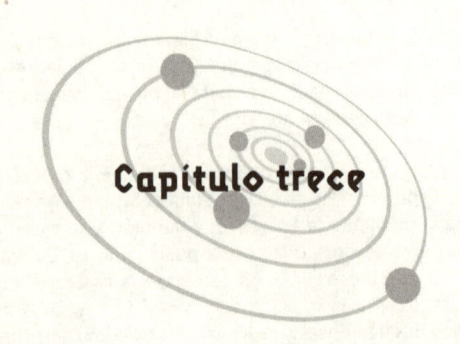

—¡Ay! —gritó Annie, cubriéndose los ojos con el brazo mientras atravesaban el portal para salir de Titán y entrar en el planeta que Cosmos había encontrado para ellos en órbita alrededor de la estrella Alfa Centauri B. Por fortuna, tras unos segundos, el cristal especial de su casco se oscureció y Annie comenzó a recuperar la visión.

—¡Vaya! ¡Qué brillante! —dijo George que cruzó detrás de ella. Aquella vez se sintieron más preparados que cuando habían aterrizado en Marte y en Titán. Habían sacado las cuerdas de emergencia y los ganchos metálicos que sus trajes espaciales llevaban incorporados, listos para sujetarse a la superficie del nuevo planeta. Sin embargo, cuando cruzaron el portal, descubrieron que por una vez no salían flotando. Al contrario, se notaban mucho más pesados que en la Tierra. Podían andar, pero levantar las piernas para avanzar requería un gran esfuerzo.

—¡Uf! —exclamó Annie, y soltó la cuerda y los ganchos—. Me siento como si me apretaran. —Era como si alguien tratara de empujarla hacia aquel suelo reluciente.

—¡Más gravedad! —gritó George—. Debemos de estar en un planeta parecido a la Tierra pero de mayor masa, así que notamos la gravedad con más fuerza que allí. Pero no puede ser mucho mayor, porque nos habría aplastado.

—Voy a sentarme —resopló Annie—. Estoy muy cansada.

—¡No lo hagas! Es posible que después no te puedas levantar. No te sientes, Annie, o jamás saldremos de aquí.

Annie gruñó y se apoyó en él. Se sentía como si pesara una tonelada y George se tambaleó mientras intentaba mantenerse derecho y sostenerla al mismo tiempo.

—Annie, tenemos que encontrar la siguiente pista y salir de aquí —dijo con inquietud—. Hay demasiada gravedad, no estamos hechos para vivir así. Si fuéramos hormigas, estaríamos bien, pero somos demasiado grandes para un lugar con tanta gravedad. Comienzan a dolerme los ojos.

Si bien Marte —y por supuesto Titán— eran mucho más oscuros que la Tierra, aquel nuevo planeta tenía una luminosidad cegadora. Aun con aquellas viseras oscuras que les protegían los ojos como unas gafas de sol superpotentes, les costaba gran esfuerzo ver.

—No mires directamente al sol —advirtió George—. Es incluso más brillante que nuestro Sol de la Tierra.

Tampoco es que hubiera mucho que ver. A su alrededor se extendían kilómetros de rocas desnudas que se tostaban bajo la luz resplandeciente de aquel planeta caliente y pesado. George miró a un lado y a otro con preocupación, buscando alguna señal que los condujera a la cuarta pista.

—¿Quééé... eeesss... eeesssooo... deee... aaallííí...? —Annie, que estaba recostada por completo sobre George, levantó un brazo con gran esfuerzo. Hablaba lentamente y arrastraba las palabras. George la agitó.

—¡Annie! ¡Despierta! ¡Despierta!

La luz y el peso en aquel extraño planeta la dejaban como si estuviera drogada. George intentó llamar a Cosmos o a Emmett. La primera vez recibió una señal de línea ocupada, la segunda, un mensaje grabado que decía: «Su llamada es importante para nosotros. Pulse almohadilla y el número uno si quiere que lo pasemos...». —Entonces se cortó la comunicación.

Annie se desplomó sobre él. Pesaba tanto en aquel planeta que era como sostener a una cría de elefante. George se quedó inmóvil, con la cabeza de Annie apoyada en el hombro, rodeándola con los brazos. Empezó a sentir mucho miedo. Imaginó que en los años venideros, cuando los primeros viajeros interestelares visitaran aquel planeta en órbita alrededor de una de las estrellas más cercanas a la Tierra, descubrirían los restos chamuscados de dos niños humanos, carbonizados y convertidos en pequeños fragmentos esparcidos sobre la reseca superficie. También él algo mareado, los imaginó bajando de la nave para reivindicar el descubrimiento de aquel nuevo planeta y descubriendo a dos niños que algún día habían hecho un viaje de cuatro años luz hasta aquel lugar infernal y habían perecido bajo su ardiente estrella.

Sin embargo, justo cuando comenzaba a perder la esperanza y a inclinarse hacia el suelo, la luz del cielo se tornó un poco más tenue. Empezó a perder el blanco brillante y a volverse de un tono amarillo más suave.

—¡Mira, Annie! —exclamó, agitándola entre los brazos—. ¡Se está poniendo el sol! ¡Pronto estarás bien! Aguanta unos minutos. Se desplaza por el cielo bastante rápido... bueno, al menos más rápido que nuestro Sol de la Tierra. Cuando se haya puesto del todo, nos refrescaremos un poco y encontraremos la pista.

—¿Qué? —preguntó Annie medio adormilada. Levantó la cabeza del hombro de George y miró por detrás de él—. ¡Pero no se pone! Está saliendo... y es muy bonito —continuó con aire soñador—. Una estrella brillante y luminosa que se levanta en el cielo...

—¡Annie, no está saliendo! —respondió George, que pensó que debía de estar alucinando—. ¡Concéntrate! ¡El sol se está poniendo!

A su alrededor, la luz se atenuaba con suavidad.

—¡No seas tonto! —gritó Annie enfadada, con algo más de voz. George se sintió aliviado... Si era capaz de enfadarse con él, entonces seguro que se encontraba mejor—. ¡Sé la diferencia entre salir y ponerse, y te digo que está saliendo!

Se separaron unos centímetros y se miraron de frente.

—Por allí —dijo Annie, señalando—. ¡Arriba!

—No. ¡Por aquí! —respondió George—. ¡Abajo!

—Vuélvete —ordenó Annie.

George se volvió muy despacio —no era posible moverse con rapidez en aquel planeta de alta gravedad— y vio que Annie tenía razón. Vio un pequeño sol brillante en el cielo detrás de él, levantándose sobre el rocoso planeta. No emitía la misma luz deslumbrante que el sol que se ponía por el otro lado, sino que los bañaba con una luz amable que parecía indicar que la oscuridad no sería un hecho común en aquel planeta árido.

—¡Claro! Estamos en un sistema estelar binario, ¡como el que nos mostraba la pista! ¡En este planeta hay dos soles! —gritó George—. Estoy seguro de haber leído algo sobre este sistema en internet. Un sol es más grande que el otro, el que se pone debe de ser Alfa B, la estrella que orbita este planeta. Parece de mayor tamaño porque estamos más cerca de él.

Y el otro debe de ser Alfa A, la otra estrella del sistema Centauri. En realidad, Alfa A es más grande, pero estamos lejos de él.

Ahora que la luz era cada vez más débil, poco más pudieron ver del paisaje que los rodeaba. Allí cerca descubrieron el borde de un enorme agujero en el suelo.

—Echemos un vistazo ahí dentro —dijo Annie.

—¿Por qué? —preguntó George.

—¡No hay nada más que ver! —respondió, y se encogió de hombros—. Y puede que encontremos otra pista allí abajo. Tanto en Marte como en Titán, Cosmos nos había mandado muy cerca de las nuevas pistas. ¿Tienes una sugerencia mejor? —Annie parecía bastante recuperada.

—Pues no —dijo George.

Intentó llamar a Emmett de nuevo, pero seguía comunicando.

—Vamos —ordenó Annie—, pero no pienso andar más. —Se puso a cuatro patas y empezó a gatear hacia el cráter.

George trató de caminar, pero el hecho de hacer avanzar las piernas era tan lento y dificultoso que se sentía como el hombre de hojalata de *El mago de Oz*. Así pues, también él puso las manos y las rodillas en el suelo y siguió a Annie, que miraba por encima del borde para descubrir qué había en el fondo.

—No hay nada —dijo decepcionada mientras observaba el hueco de aquel cráter formado por la colisión con un cometa o un asteroide.

George se hizo un sitio a su lado.

—Entonces, ¿dónde estará la siguiente pis...? —comenzó a decir. Pero se interrumpió, porque justo entonces, muy al fondo del inmenso cráter, vieron algo que, sin duda, no esperaban encontrar. Muy débil al principio, aunque pronto se volvió más consistente, apareció la silueta de una puerta. Y en el mismo instante en que una bota espacial y después otra atravesaron el umbral, el transmisor del casco de George se puso en funcionamiento.

—¡George! —Oyó que le gritaban—. ¡Tu abuela al habla!

Capítulo catorce

Dentro del cráter, Eric cruzó con rapidez el portal y cayó de bruces al suelo. Había preparado una regañina para los niños mientras se disponía a atravesar el umbral de la puerta que había abierto Cosmos. Sin embargo, cuando llegó a aquel lejano planeta, lo único que dijo fue:

—¡Grrr!

—¡Papá! —gritó Annie desde lo alto del cráter, y rompió a llorar dentro de su casco espacial. Ya no le importaba que pudiera estar enfadado con ella. Rebosaba de alegría por ver allí a su padre. Se deslizó por el borde del cráter y se arrastró sobre la barriga hasta llegar a él. Eric se tumbó de espaldas y Annie se lanzó sobre su cuerpo y le dio un fuerte abrazo.

—¡Papá! —sollozó—. ¡Esto es horrible! No me gusta este planeta.

Eric soltó un suspiro que Emmett y Mabel oyeron a muchos millones de kilómetros de distancia, en la Tierra, y decidió dejar para otro momento su discurso sobre los niños que viajaban solos al espacio sin permiso. Abrazó a Annie.

La abuela de George no tenía tantos miramientos.

—¡George! —gritó con severidad desde la Tierra—. ¡No me puedo creer que me hayas arrastrado a este peligroso plan sin decirme nada! Me molesta mucho que no consideraras oportuno informarme sobre tus motivos para venir a Estados Unidos... —Mabel siguió hablando sin cesar y George deseó poder bajar el volumen del transmisor, como Emmett había hecho con Cosmos. Entonces miró el cráter y vio que Eric le hacía señales para que se acercara a ellos.

—¡Lo siento, abuela! —dijo George—. Tengo que irme. Hablaremos más tarde. —Se deslizó por el enorme agujero y se reunió con Eric y Annie, y los tres formaron un montón apretado de trajes espaciales en el fondo de un cráter en un planeta desconocido en órbita alrededor de Alfa B en el sistema estelar Alfa Centauri.

—Tengo que cerrar el portal durante unos minutos —dijo Emmett—. No puedo mantenerlo abierto y hacer todas las tareas que necesito con Cosmos. Así que no os asustéis cuando la puerta desaparezca. Estaré enseguida con vosotros.

La puerta se volvió transparente y comenzó a desvanecerse. George, Annie y Eric se recostaron encima de la curvada superficie de la pared del cráter y observaron la estrella Alfa A, que se estaba moviendo por aquel despejado cielo de color azul oscuro.

—Bueno, George y Annie —dijo Eric, con un niño sentado a cada lado—, aquí estamos, juntos, otra vez. Perdidos en el espacio, otra vez. —En ese momento, el portal ya había desaparecido por completo.

—¿Podemos volver a casa? —preguntó Annie con tono quejumbroso—. Ya he tenido suficiente.

—Pronto, muy pronto —respondió Eric con calma—. Tan pronto como Emmett arregle el portal de regreso.

—¡¿Qué?! —gritó George, e intentó incorporarse, pero enseguida se dio cuenta de que no le quedaban fuerzas para luchar contra la gravedad. Volvió a sentarse—. ¿Quieres decir que no podemos regresar a la Tierra?

—Me temo que no —respondió Eric en voz baja—. Cosmos está teniendo algunos problemas, pero Emmett los solucionará. No lo habría dejado al mando si no estuviera seguro de que es el mejor para ese trabajo. Ha hecho cosas con él que a mí me parecían impensables.

—¿Has venido a buscarnos aun sabiendo que tal vez no podríamos volver? —preguntó Annie—. ¿Que quizá nos quedemos aquí para siempre?

—Claro —respondió Eric—. No podía dejaros aquí solos.

—¡Oh, papá! —gritó Annie—. ¡Lo siento mucho! ¡Acabaremos los tres fritos en este planeta, y será por mi culpa!

—No digas bobadas, Annie. Esto no es culpa tuya y no nos pasará nada. No estaremos aquí tanto tiempo como para acabar fritos —dijo Eric con firmeza—. Pero tenemos que marcharnos antes de que Alfa B vuelva a salir. Incluso con los trajes espaciales, hace demasiado calor en este planeta porque está muy cerca de su estrella, por eso no hay agua ni vida. Iremos a algún otro lugar. A un sitio más agradable.

—Entonces, ¿Cosmos podrá enviarnos más lejos? —preguntó George esperanzado. No quería volver a ver la cegadora luz de Alfa B en toda su vida.

—Sí —respondió Eric, mostrando una confianza que no tenía—. A veces hay que ir muy lejos para poder volver. Así que no os preocupéis si sentís que viajamos en la dirección equivocada. Pensad en ello como un modo de ganar perspectiva.

—¿Cuánto falta para que Alfa A vuelva a salir? —preguntó George.

—No estoy seguro —dijo Eric—, pero tenemos que irnos antes del amanecer.

—¿Adónde iremos? —preguntó Annie.

—A otro planeta. Cosmos está buscando otro planeta al que enviarnos. Emmett me ha dicho que habéis estado siguiendo pistas por el Universo... como si fuera la búsqueda de un tesoro espacial.

—Mmm, sí —admitió George—. Seguimos adelante porque en cada lugar encontramos una nueva pista que nos conducía a un destino diferente.

—¿Y vinisteis aquí porque la pista que encontrasteis en Titán os indicó que debíais ir a un sistema estelar binario con un planeta en órbita alrededor de una de las estrellas?

—Nos creímos muy listos —dijo Annie con tristeza.

—¡Y lo sois! —exclamó Eric—. Los tres. Emmett cree que las pistas os llevan a buscar señales de vida en el Universo. Si tiene razón, tendremos que encontrar un planeta en lo que llamamos la zona Goldilocks de su estrella. Es decir, un planeta que no sea demasiado frío ni demasiado caliente, algo intermedio.

—¡Oh! —dijo George—. Ya lo entiendo. ¡Este planeta es demasiado caliente! Así que no puede ser el planeta adecuado.

—Hay otro motivo para pensar que no es el lugar adecuado. ¿Cuántas estrellas había en la pista? —preguntó Eric.

—Dos —respondió George.

—Aquí hay tres. Aquella estrella más tenue, la que casi no se ve desde aquí, es la Próxima Centauri, y se llama así porque es la estrella más cercana a la Tierra. Este es un sistema triple.

—¡Oh, no! El planeta equivocado y el sistema estelar equivocado. ¿Qué vamos a hacer? —preguntó George.

—Entonces, ¿ahora nos crees? ¿Todo eso de las pistas y los mensajes? —interrumpió Annie.

ALFA CENTAURI

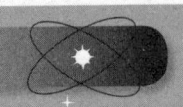

A tan solo cuatro años luz de distancia, Alfa Centauri es el sistema estelar más cercano a nuestro Sol. En el cielo nocturno, parece una sola estrella, pero en realidad son tres. Las dos estrellas parecidas al Sol, Alfa Centauri A y Alfa Centauri B —separadas por, aproximadamente, 23 veces la distancia que hay entre la Tierra y el Sol— orbitan un centro común una vez cada 80 años, aproximadamente. Hay una tercera estrella, la más tenue del sistema, que se llama Proxima Centauri y orbita alrededor de las otras dos, a gran distancia de ellas. La Proxima es la más cercana a nosotros.

Alfa A es una estrella amarilla muy parecida a nuestro Sol pero más brillante y un poco más grande.

Alfa B es una estrella naranja, ligeramente más fría que nuestro Sol y un poco más pequeña. Se cree que el sistema Alfa Centauri se formó unos 1.000 millones de años antes que nuestro Sistema Solar. Tanto Alfa A como Alfa B son estrellas estables, como nuestro Sol, y, como él, es posible que hayan nacido rodeadas de discos polvorientos formadores de planetas.

En 2008, algunos científicos sugirieron que podrían haberse formado planetas alrededor de una de estas estrellas, o de ambas. En Chile, con un telescopio, están observando Alfa Centauri con mucha atención para ver si algún oscilamiento en la luz de las estrellas nos muestra planetas en órbita alrededor de nuestro sistema estelar más cercano. Los astrónomos vigilan Alfa Centauri B para ver si esta estrella brillante y tranquila nos descubre mundos similares a la Tierra a su alrededor.

Alfa Centauri puede verse desde el hemisferio sur terrestre, y es una de las estrellas de la constelación Centauri. Su verdadero nombre —Rigel Kentaurus— significa «pie de centauro». «Alfa Centauri» es su designación Bayer (un sistema para nombrar las estrellas introducido por Johann Bayer en 1603).

Alfa A y Alfa B son estrellas binarias. Esto significa que si estuvieras en un planeta que orbitara una de las dos, ¡a veces verías los dos soles en el cielo!

—Sí, cariño —admitió Eric—. Y lo siento mucho. Estoy seguro de que esos mensajes eran para mí, no para ti. Si pudiera os mandaría a la Tierra ahora mismo. Pero no puedo, y no os dejaré aquí. Tendremos que terminar la búsqueda del tesoro cósmico los tres juntos. ¿Estáis conmigo?

—Yo sí —dijo Annie con firmeza acercándose a su padre.

—Yo también —respondió George—. Terminemos con esto y descubramos quién está dejando estos mensajes.

—Voy a pedir el portal —dijo Eric. A un lado del cráter se veía ya la luz del amanecer mientras Alfa B asomaba por el horizonte—. ¡Emmett! —gritó—. ¿Alguna posibilidad de volver a la Tierra?

—Aún no —respondió Emmett—. Pero tengo noticias bastante buenas...

—¿Has encontrado un planeta que podría irnos bien, más o menos del tamaño de la Tierra, en la zona Goldilocks?

—Afirmativo —dijo Emmett con voz débil—. O, al menos, podría decirse que he encontrado algo. Es nuestra mejor apuesta. Se trata de una luna, no de un planeta.

—¿Cómo está Cosmos? —preguntó Eric.

—Solo quiero que sepáis —terció Mabel— ¡que prometí a los padres de George que no permitiría que se metiera en ningún lío durante estas vacaciones! Me va a costar mucho explicar todo esto a Terence y a Daisy...

—Cosmos funciona —respondió Emmett nervioso—. Ya casi he terminado de cargar el portal de regreso. En cuanto acabe, podré traeros de vuelta. ¿Podéis esperar hasta que consiga devolveros a la Tierra?

Brillantes rayos de luz invadían ya todo el cráter, ahuyentando las sombras.

—No podemos quedarnos más —respondió Eric—. Envíanos más lejos. No se preocupe, Mabel. Volveremos.

GUÍA ÚTIL PARA CONOCER EL UNIVERSO

LA ZONA GOLDILOCKS

Nuestra galaxia de la Vía Láctea contiene al menos cien mil millones de planetas rocosos. Nuestro Sol tiene cuatro: Mercurio, Venus, la Tierra y Marte, pero solo la Tierra tiene vida.

¿Qué hace que la Tierra sea tan especial?

La respuesta es el agua, en especial, en estado líquido. El agua es la gran mezcladora de sustancias químicas, porque las separa, las extiende y las vuelve a juntar en forma de nuevas formaciones biológicas, como las proteínas y el ADN. Sin agua, la vida parece imposible.

A fin de albergar vida, la temperatura de un planeta debe estar entre 0 y 100 °C para que el agua se mantenga en estado líquido.

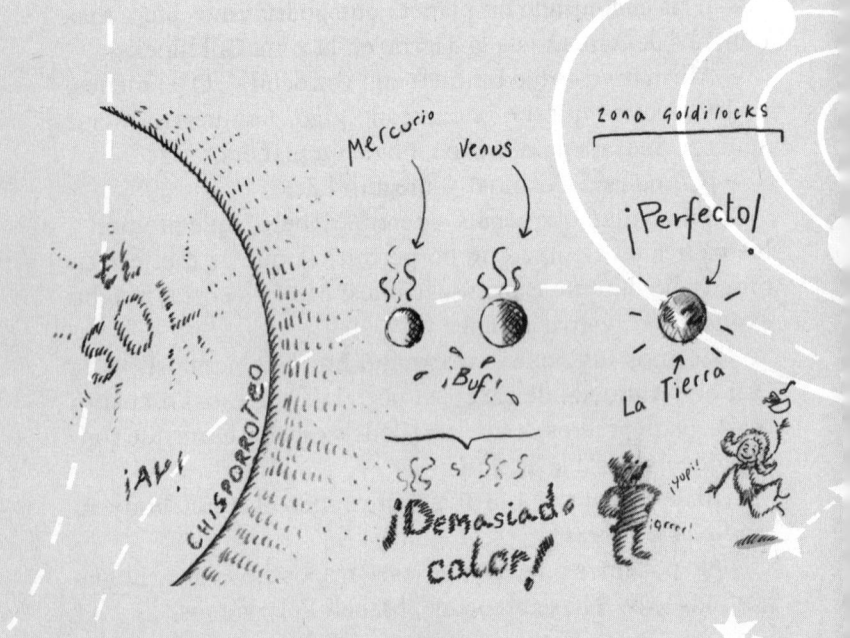

GUÍA ÚTIL PARA CONOCER EL UNIVERSO

Un planeta que orbite demasiado cerca de su estrella recibirá tanta energía lumínica que se calentará hasta alcanzar temperaturas infernales y el agua hervirá y se convertirá en vapor.

Los planetas que están demasiado lejos de su estrella recibirán muy poca energía lumínica, de manera que en el planeta hará tanto frío que el agua estará congelada. De hecho, en Marte hay agua en forma de hielo en los polos norte y sur.

Los planetas que reciben tanta luz como calor emiten están a cierta distancia de su estrella. Ese equilibrio de energía sirve de termostato, lo cual mantiene la temperatura templada: la adecuada para mantener el agua en estado líquido en lagos y océanos. En esta «zona Goldilocks» alrededor de una estrella, cualquier planeta podría ser lo bastante cálido y disponer de agua durante millones de años, lo cual permitiría que floreciera la química de la vida.

Geoff

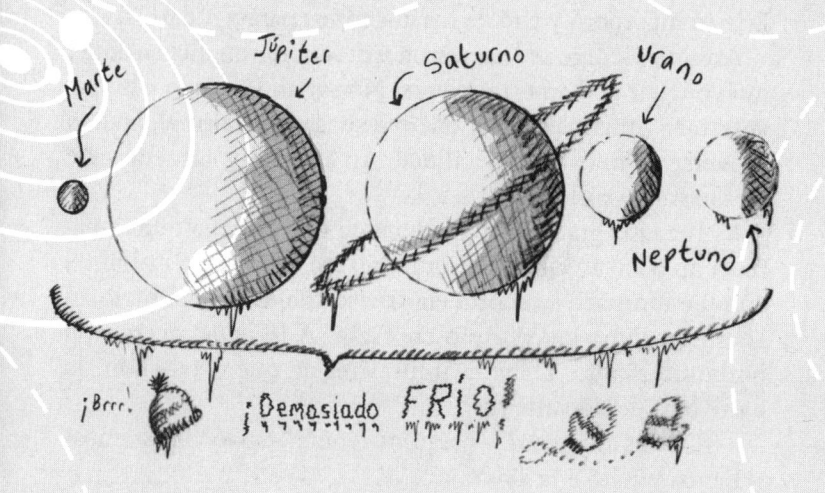

Capítulo quince

Alfa B salía mientras atravesaban el portal, brillando con fuerza sobre aquel planeta caliente y opresivo. A fin de evitar ponerse en pie, se arrastraron hasta el portal y pasaron primero los pies, y, nada más cruzarlo, Eric se incorporó y tiró de los dos niños para ayudarlos.

Annie y George se levantaron y descubrieron que en aquel nuevo lugar podían estar de pie. No salían flotando y no los aplastaba ninguna fuerza. Era una sensación normal, podían moverse de nuevo con facilidad, sin cuerdas y sin tener que arrastrarse por el suelo.

La luz era agradable y procedía de una estrella que se parecía un poco al Sol de la Tierra. No era demasiado brillante, aunque tampoco se sentía en exceso fría; no había hielo en las rocas como en Marte o en Titán. A lo lejos, oyeron un borboteo rápido. Daba la impresión de que estaban en la parte baja de un valle rocoso.

—¿Qué es ese ruido? —preguntó Annie—. ¿Dónde estamos? ¿Hemos vuelto a la Tierra?

—Suena a agua —respondió George—, pero no la veo.

—Estamos en el sistema estelar 55 Cancri —dijo Eric—. Es un sistema estelar binario; la que veis en el cielo es una estrella amarilla enana, igual que nuestro Sol. Más allá hay otra estrella roja también enana.

Emmett se sumó a la conversación desde la Tierra.

—Estáis en una luna del quinto planeta que está alrededor de 55 Cancri A —informó—. El planeta está en una zona habitable de su estrella, en la zona Goldilocks, pero el planeta es un gigante de gas, aproximadamente la mitad de grande que Saturno, así que pensé que no querríais aterrizar allí.

—Buen trabajo, Emmett —dijo Eric—. No me apetece colarme entre capas de gas. Al menos, no hoy. Has tomado una buena decisión.

Los niños estiraron los brazos y las piernas. Era agradable sentir que podían moverse de nuevo con libertad.

—¿Podemos quitarnos ya el casco? —preguntó Annie.

—¡No, claro que no! —respondió Eric—. No tenemos ni idea de qué contiene la atmósfera en este lugar. Déjame que compruebe el indicador de tu tanque de oxígeno. —Eric miró el indicador y descubrió que se acercaba a la zona roja; estaba peligrosamente bajo. Miró el de George y vio que el suyo estaba en zona verde, por lo que aún tenía de sobra. No dijo nada, pero volvió a llamar a Emmett.

—Emmett, ¿cuánto falta para que podamos volver a la Tierra?

—Tengo hambre —se quejó Annie—. ¿Crees que encontraremos algo de comer por aquí?

—No creo que haya restaurantes en el fin del Universo —respondió George.

—Aún no estamos en el fin del Universo —dijo Eric mientras esperaba la respuesta de Emmett—. Ni siquiera estamos

55 CANCRI

⭐ 55 Cancri es un sistema estelar a 41 años luz de distancia de nosotros en dirección a la constelación de Cáncer. Es un sistema binario: 55 Cancri A es una estrella amarilla; 55 Cancri B es una estrella más pequeña, roja y enana. Estas dos estrellas orbitan la una alrededor de la otra a una distancia de mil veces la que hay entre la Tierra y el Sol.

⭐ El 6 de noviembre de 2007 unos astrónomos descubrieron un quinto planeta en órbita alrededor de Cancri A. ¡Todo un récord que la convierte en la única estrella, además de nuestro Sol, que tiene hasta cinco planetas!

⭐ El primer planeta alrededor de Cancri A fue descubierto en 1996. Llamado Cancri b, es del tamaño de Júpiter y orbita cerca de la estrella. En 2002 se descubrieron dos nuevos planetas (Cancri c y Cancri d); en 2004, un cuarto planeta, Cancri e, que tiene el tamaño de Neptuno y tarda tan solo tres días en orbitar Cancri A. Este planeta debe de ser terriblemente caliente, con temperaturas en su superficie de más de 1.500 °C.

⭐ El quinto planeta, Cancri f, tiene alrededor de la mitad de la masa de Saturno y se encuentra en la zona habitable de su estrella (zona Goldilocks). Este planeta es una gigantesca bola de gas que se compone en su mayor parte de helio e hidrógeno, como Saturno en nuestro Sistema Solar. Sin embargo, puede que haya lunas en órbita alrededor de Cancri f o planetas rocosos dentro de la zona Goldilocks de Cancri en las que se encuentre agua en la superficie.

⭐ Cancri f orbita su estrella a una distancia de 0,781 unidades astronómicas (UA). Una unidad astronómica es la unidad de medida que los astrónomos utilizan para hablar de órbitas y distancias entre estrellas. Una UA = 149.597.870 kilómetros, que es la distancia media entre la Tierra y el Sol. Dado que en la Tierra hay vida y agua líquida en la superficie, podemos decir que una distancia de una UA o de 149 millones de kilómetros está dentro de la zona habitable de nuestro Sistema Solar. Así pues, en el caso de las estrellas que tengan aproximadamente la misma masa, edad y luminosidad que nuestro Sol, es de suponer que cualquier planeta que orbite su estrella a una distancia de una UA estará en la zona Goldilocks. Cancri A es una estrella más antigua y menos luminosa que nuestro Sol, y los astrónomos calculan que su zona habitable se encuentra a una distancia de entre 0,5 y 2 UA de ella, ¡lo cual deja a Cancri f en una buena situación!

Es muy difícil divisar múltiples planetas alrededor de una estrella porque cada planeta produce su propia oscilación estelar. Para descubrir más de un planeta, ¡los astrónomos tienen que ser capaces de captar oscilaciones dentro de oscilaciones! Astrónomos de California llevan más de veinte años observando 55 Cancri para llevar a cabo estos descubrimientos.

Ilustración en la que se compara el tamaño del sistema 55 Cancri (izquierda) con un pequeño sistema estelar enano marrón en la constelación de Camaleón (arriba a la derecha).

cerca. Aún estamos bastante cerca de casa, ¡tan solo a cuarenta y un años luz de distancia! Ni siquiera hemos salido de nuestra galaxia. En términos del Universo, esto es como el viaje de George a Estados Unidos. Un viaje largo, pero no a gran escala.

—¿Qué hay de la pista? —preguntó George—. ¿No tenemos que descubrir si nos han dejado otra pista? Es decir, ¿no se supone que debemos salvar la Tierra de alguien que intenta destruirla?

—Hum... —Eric parecía nervioso. Emmett no respondía—. Creo que quienquiera que os mandara esos mensajes pretendía asustaros —respondió—. No creo que ahora mismo haya nada lo bastante potente para destruir un planeta entero. Para volar la Tierra haría falta mucha más energía de la que hayamos generado jamás. Era solo una amenaza para que no pasáramos por alto los mensajes.

—¿Y si lo mandaron alienígenas que tienen fuentes de energía que ni siquiera somos capaces de imaginar? —preguntó Annie—. ¿Cómo sabes que no existe una raza superior ahí fuera? Estos mensajes no los envió ningún tipo de bacteria, ¿verdad?

—Supongo que no —dijo Eric—. Eso es lo que tratamos de averiguar. Annie —añadió, con un tono distinto—, ¿por qué no te sientas y descansas un poco? Procura no hablar durante unos minutos, recupera las fuerzas.

—Pero no quiero dejar de hablar —protestó Annie—. Me gusta hablar. Es lo que se me da mejor. Eso y el fútbol. También soy buena jugando al fútbol. Y la física. Soy un genio en física, ¿verdad, papá?

—Verdad —dijo Eric con serenidad—. Pero ahora mismo te falta un poquito de aire, así que necesito que estés callada un rato, hasta que sepamos cuándo volveremos a casa.

George miró alrededor. Observó los barrancos y las montañas de aquel planeta rocoso en busca del origen del rápido borboteo. De súbito, al otro lado del valle, vio que algo se movía.

—¡Mira allí! —dijo en voz baja a Eric mientras Annie se sentaba en una roca.

—Se está moviendo —murmuró Eric al verlo—. Pero ¿qué es eso?

La cosa se escondía en una sombra, de modo que ni siquiera podían ver su forma. Solo notaban que se aproximaba a ellos. Era como una mancha negra y borrosa que se acercaba cada vez más.

—George —dijo Eric—, ¡llama a Emmett ahora mismo! Dile que acabamos de ver a un extraterrestre y que quiero que abra el portal y os saque de aquí a ti y a Annie de inmediato.

—Emmett... —llamó George—. Emmett... Vamos, Emmett... Necesitamos que nos saques de aquí.

La silueta se acercaba por la zona a oscuras del barranco, a salvo de los rayos de la estrella enana amarilla, Cancri A. Mientras avanzaba hacia ellos, se fijaron en dos puntitos de luz roja que brillaban en el centro de su cuerpo, como un par de ojos furiosos.

—Annie —dijo Eric— levántate y ponte detrás de mí. Se acerca un extraterrestre.

Annie se puso en pie y corrió a esconderse detrás de su padre para mirar a hurtadillas. La silueta oscura se acercó más a ellos, las luces rojas en mitad de su cuerpo destellando con furia demoníaca. Cuando estuvo cerca vieron su forma casi humana, vestida totalmente de negro, con unos ojos color escarlata encendidos en su estómago.

—Retrocede —ordenó Eric—. Seas lo que seas, no des un paso más hacia nosotros.

La cosa no hizo caso y siguió adelante. Dejó atrás las sombras y salió a la luz. Entonces habló.

—Vaya, Eric. —Su voz sonó áspera a través de los transmisores—. Parece que volvemos a encontrarnos.

ARCHIVOS DE IMÁGENES • EL HOMBRE EN EL ESPACIO

Laika, el primer ser vivo terrestre en orbitar la Tierra.

Lanzamiento del primer vuelo espacial estadounidense tripulado en mayo de 1961.

Yuri Gagarin.

Lanzamiento de la nave espacial soviética, la *Vostok I*, en la que viajaba Yuri Gagarin, abril de 1961.

ARCHIVOS DE IMÁGENES • EL HOMBRE EN EL ESPACIO

Programa Géminis de encuentro espacial; la nave *Géminis VI* fotografiada desde la *Géminis VII*, diciembre de 1965.

La nave *Géminis VII* fotografiada desde la *Géminis VI*, diciembre de 1965.

ARCHIVOS DE IMÁGENES • EL HOMBRE EN EL ESPACIO

EVA (Actividad Extravehicular): astronauta saliendo del módulo de mando.

ARCHIVOS DE IMÁGENES • EL HOMBRE EN EL ESPACIO

Huella del primer paso de Neil Armstrong sobre la superficie lunar, 20 de julio de 1969.

El astronauta Buzz Aldrin, de la *Apolo 11*, caminando por la Luna.

ARCHIVOS DE IMÁGENES • EL HOMBRE EN EL ESPACIO

El astronauta James B. Irwin y un robot lunar, *Apolo 15*, julio de 1971.

ARCHIVOS DE IMÁGENES • EL HOMBRE EN EL ESPACIO

Arriba: cabina de mando de un simulador de transbordador espacial, 1999.

Primer lanzamiento de un transbordador espacial, en 1981. El transbordador se llamaba *Columbia*.

ARCHIVOS DE IMÁGENES • EL HOMBRE EN EL ESPACIO

Astronauta flotando en la Estación Espacial Internacional (EEI).

Abajo: astronauta de la EEI con fruta fresca en condiciones de microgravedad.

Astronautas preparando hamburguesas a bordo de la EEI.

EEI con paneles solares nuevos, 2006.

ARCHIVOS DE IMÁGENES • EL HOMBRE EN EL ESPACIO

Vista de una nave espacial rusa *Soyuz*, fotografiada desde un transbordador espacial estadounidense.

Arriba: la *SpaceShipOne* entra de nuevo en la atmósfera terrestre tras su viaje por el espacio.

Imagen creada por ordenador de la *SpaceShipOne*, una nave privada que fue lanzada con éxito al espacio en junio de 2004.

ARCHIVOS DE IMÁGENES • ROBOTS EN EL ESPACIO

Imagen creada por ordenador de la nave espacial *Voyager*.

Imagen creada por ordenador de la nave espacial *Phoenix* sobre la superficie de Marte.

ARCHIVOS DE IMÁGENES • ROBOTS EN EL ESPACIO

Imagen del cañón Chasma Boreale en Marte.

ARCHIVOS DE IMÁGENES • ROBOTS EN EL ESPACIO

ARCHIVOS DE IMÁGENES • ROBOTS EN EL ESPACIO

Mercurio

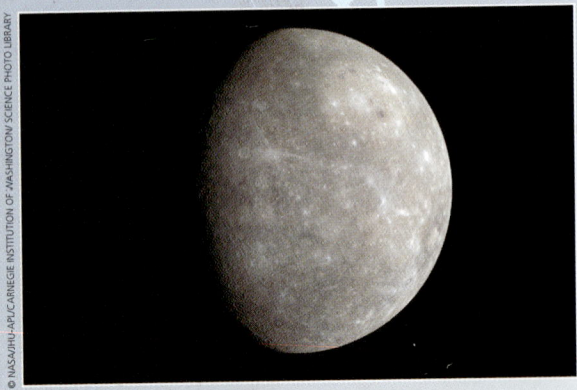

La superficie llena de cráteres del planeta Mercurio.

Abajo: Cráteres de Mercurio.

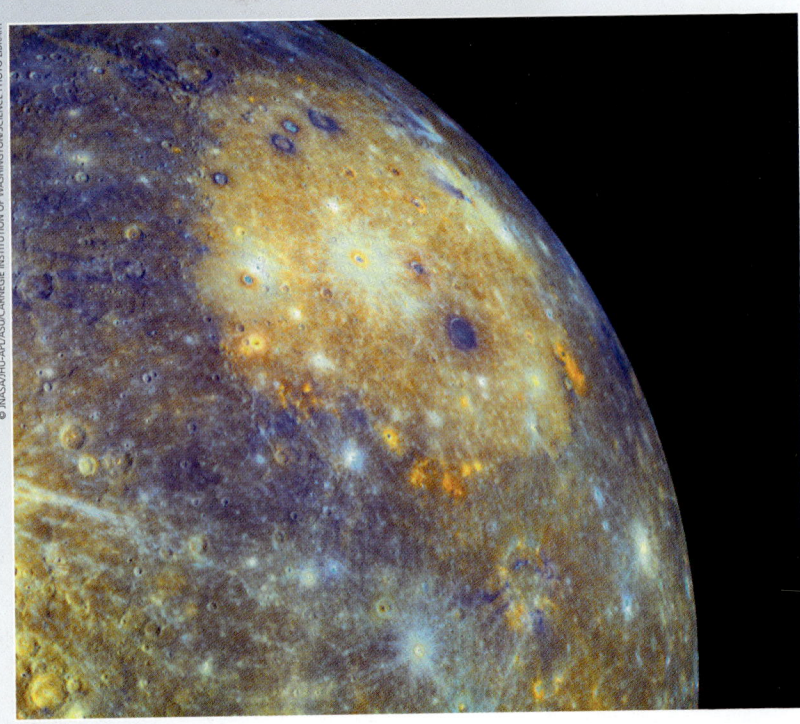

ARCHIVOS DE IMÁGENES • ROBOTS EN EL ESPACIO

Venus

Volcanes de Venus.

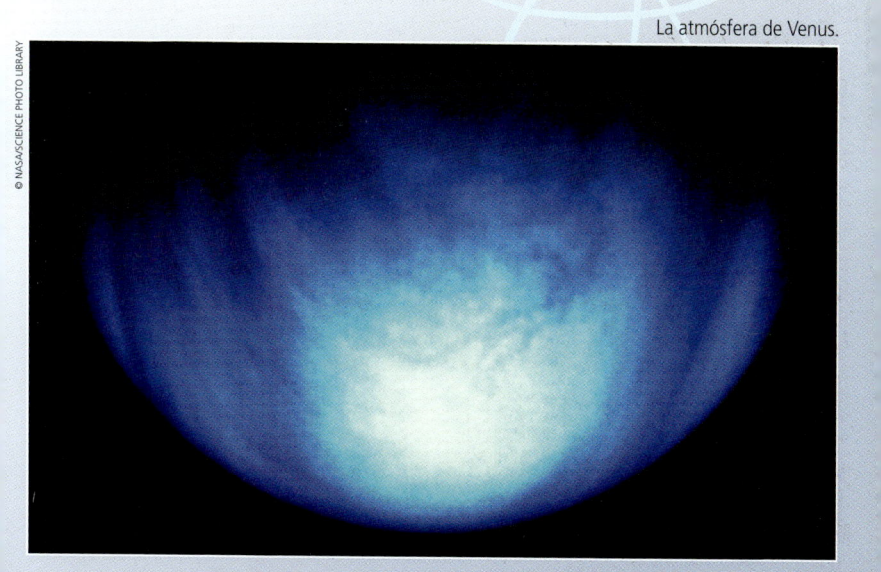

La atmósfera de Venus.

ARCHIVOS DE IMÁGENES • ROBOTS EN EL ESPACIO

Júpiter

Imagen de Júpiter tomada por la *Voyager 1*.

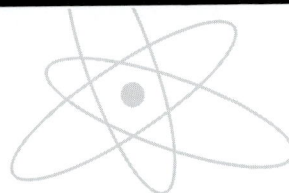

ARCHIVOS DE IMÁGENES • ROBOTS EN EL ESPACIO

Saturno

Imagen de Saturno y su sistema de anillos tomada por la *Voyager 1*.

Imagen de la luna de Saturno, Titán, que aparece frente a Saturno, tomada por la sonda *Cassini*.

ARCHIVOS DE IMÁGENES • ROBOTS EN EL ESPACIO

Urano y Neptuno

Imagen de Urano tomada por la *Voyager 2*.

Abajo: imagen tomada por la *Voyager 2* de Neptuno y su luna más grande, Tritón, apenas visible.

Imagen de Neptuno tomada por la *Voyager 2*.

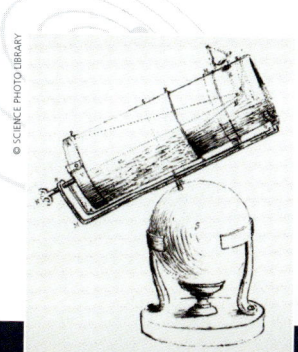

ARCHIVOS DE IMÁGENES • LA OBSERVACIÓN DE LOS ASTROS

Dibujo realizado por sir Isaac Newton de su telescopio reflector.

Cúpula del Telescopio Isaac Newton, La Palma.

ARCHIVOS DE IMÁGENES • LA OBSERVACIÓN DE LOS ASTROS

El desierto del Kalahari, en Namibia, visto desde el espacio.

ARCHIVOS DE IMÁGENES • LA OBSERVACIÓN DE LOS ASTROS

Las Leónidas, lluvia de meteoros.

Vista terrestre del planeta Venus con la Luna.

ARCHIVOS DE IMÁGENES • LA OBSERVACIÓN DE LOS ASTROS

Despliegue del telescopio espacial *Hubble* por parte del transbordador espacial *Discovery*, 1990.

ARCHIVOS DE IMÁGENES • LA OBSERVACIÓN DE LOS ASTROS

Imagen óptica coloreada de la nebulosa Roseta.

Imagen óptica de la nebulosa Tarántula.

ARCHIVOS DE IMÁGENES • LA OBSERVACIÓN DE LOS ASTROS

Imagen de galaxias en colisión tomada por el telescopio espacial *Hubble* (HST).

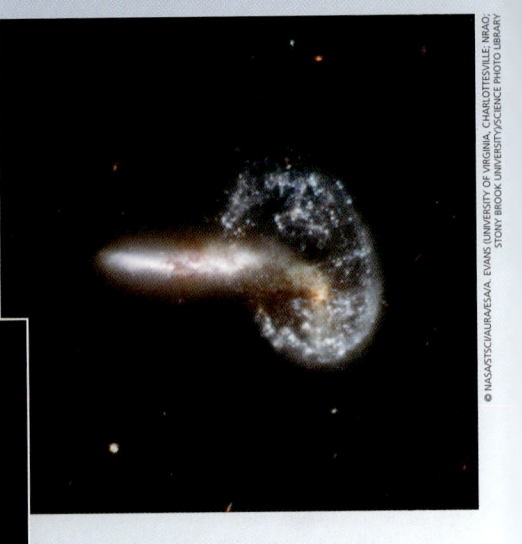

Imagen óptica de una galaxia espiral.

Imagen infrarroja compuesta de galaxias en colisión.

ARCHIVOS DE IMÁGENES • LA OBSERVACIÓN DE LOS ASTROS

Imagen tomada por el HST de una nebulosa planetaria: una serie de chorros de gas emitidos por una estrella agonizante.

ARCHIVOS DE IMÁGENES • LA OBSERVACIÓN DE LOS ASTROS

Un campo de estrellas en el que las oscilaciones gravitacionales muestran una cantidad importante de planetas extrasolares.

Imagen creada por ordenador de un planeta extrasolar gigante de gas orbitando alrededor de una estrella en la constelación Vulpecula.

ARCHIVOS DE IMÁGENES • LA BÚSQUEDA DEL TESORO

Salida de la Tierra por el horizonte lunar, fotografía tomada por los astronautas estadounidenses a bordo del *Apolo 8*, 1968.

Se trata de una de las primeras imágenes de la Tierra vista desde otro mundo.

ARCHIVOS DE IMÁGENES • LA BÚSQUEDA DEL TESORO

Marte

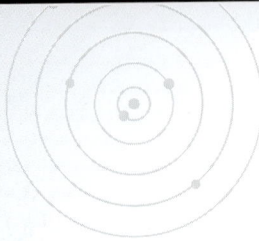

Primer plano de Marte, obtenido por el telescopio espacial *Hubble*, 2007.

ARCHIVOS DE IMÁGENES • LA BÚSQUEDA DEL TESORO

Rasgos de erosión en Marte.

Imagen de hielo en Marte tomada por el aterrizador *Phoenix*.

Imagen por satélite en color realzado del delta de un río marciano.

ARCHIVOS DE IMÁGENES • LA BÚSQUEDA DEL TESORO

Titán

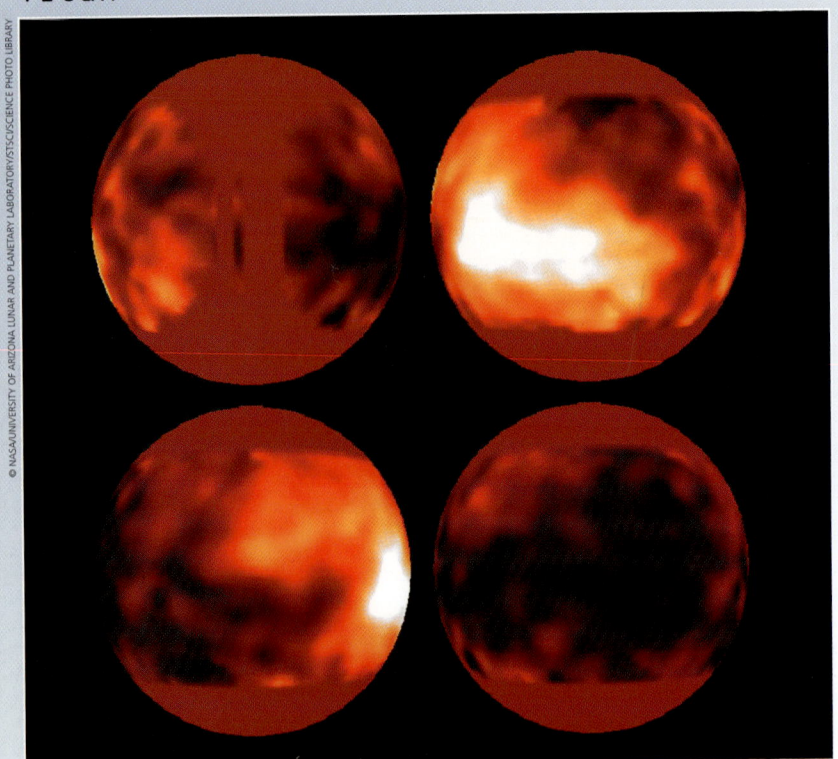

Imagen de la superficie de Titán, tomada por el HST en 1994. Arriba a la izquierda aparece el hemisferio que da a Saturno, abajo a la derecha, el hemisferio al otro lado de Saturno.

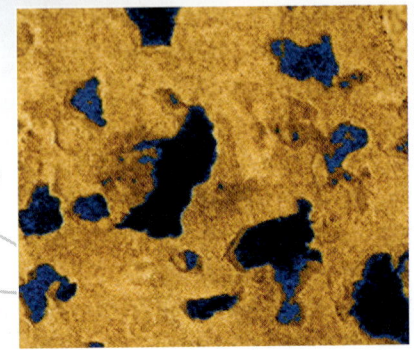

Imagen de lagos de hidrocarburo en Titán tomada por la nave *Cassini*.

ARCHIVOS DE IMÁGENES • LA BÚSQUEDA DEL TESORO

Imagen de las características de la superficie de Titán, tomada por la *Cassini*.

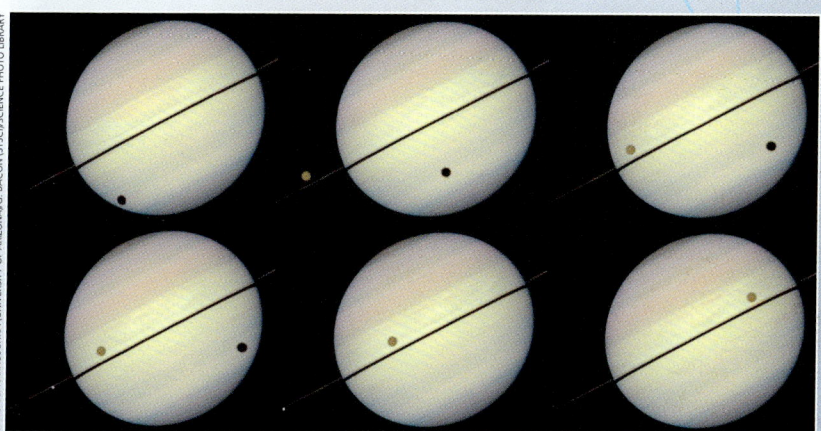

Imagen de Titán orbitando Saturno, tomada por el HST en 1995.

ARCHIVOS DE IMÁGENES • LA BÚSQUEDA DEL TESORO

ALFA CENTAURI

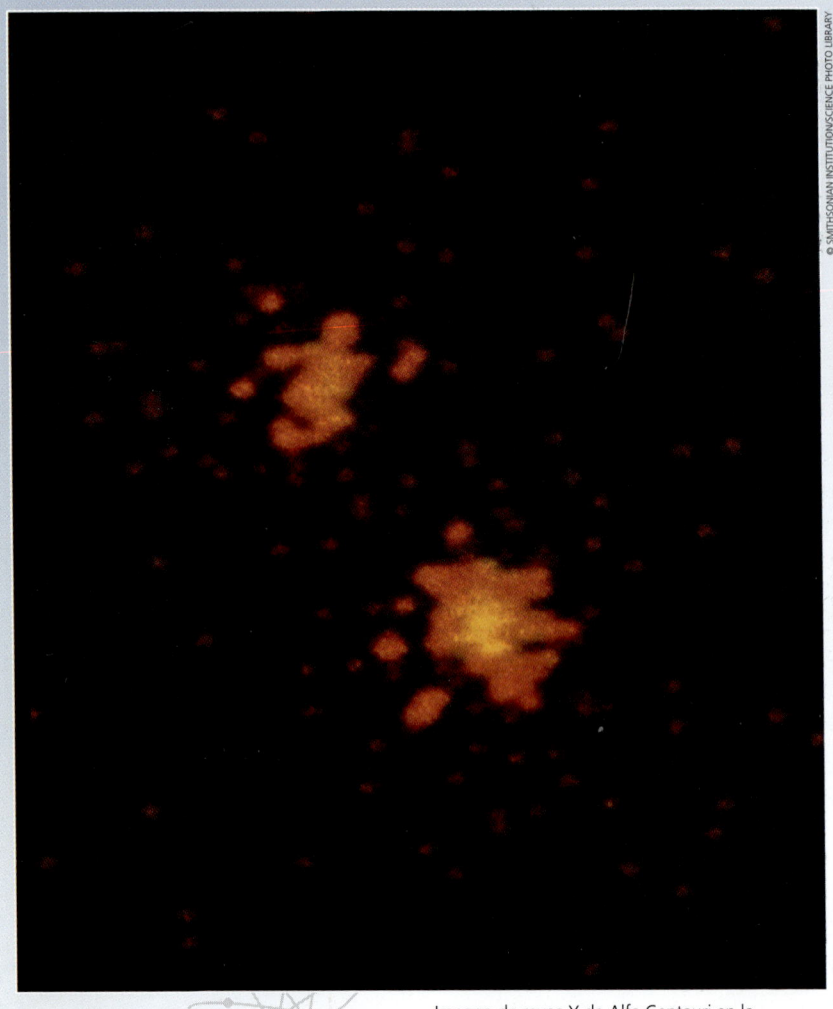

Imagen de rayos X de Alfa Centauri en la que aparecen las dos estrellas más brillantes del sistema.

ARCHIVOS DE IMÁGENES • LA BÚSQUEDA DEL TESORO

55 CANCRI

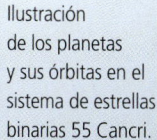

Ilustración de los planetas y sus órbitas en el sistema de estrellas binarias 55 Cancri.

Ilustración de un planeta extrasolar alrededor de 55 Cancri.

ARCHIVOS DE IMÁGENES • LA BÚSQUEDA DEL TESORO

TIERRA

Imagen de colores reales de la Tierra vista desde el espacio, en la que se ve Europa y África del Norte.

Capítulo dieciséis

—¡Oh! ¡Es Ripe! —gritaron Annie y George al mismo tiempo.

De pie delante de ellos, ataviado con un traje espacial negro y un casco espacial de visera oscura, estaba el mismísimo doctor Graham Ripe, el antiguo amigo y colega de Eric que se había vuelto en su contra y convertido en su mortal enemigo.

No hacía tanto tiempo, Eric había dejado que el doctor Ripe, que se había hecho pasar por profesor en la escuela de George, escapara y comenzara una nueva vida en algún otro lugar. Aunque Ripe había intentado lanzar a Eric a un agujero negro y robar su maravilloso ordenador, Eric estaba convencido de que no debía castigar a Ripe.

Al parecer, Eric había cometido un terrible error. Ripe había vuelto y, con su traje negro, en aquella luna lejana, parecía mil veces más terrorífico que cuando George y Annie lo habían visto por última vez.

Ripe no estaba solo. En el cuenco de las manos sostenía lo que parecía un pequeño animal de relucientes ojos rojos. Sus patitas escarbaban el material negro y brillante de los guantes espaciales de Ripe.

—¡Ah, mirad! —exclamó Annie—. ¡Ha encontrado una preciosa mascota peluda en este planeta! —Annie dio un paso adelante pero Eric extendió un brazo para evitar que se acercara a él. El animal que Ripe sostenía entre sus brazos bufó y enseñó los dientes. Ripe le acarició la cabeza con una mano.

—Tranquilo, tranquilo —dijo con dulzura—. No te preocupes, Pooky. Nos libraremos de ellos enseguida.

—Jamás nos destruirás, Ripe —respondió Eric con tono amenazante. Detrás de él, George intentaba desesperadamente ponerse en contacto con Emmett.

—¿Es ese el chico? —preguntó Ripe con gesto despreocupado—. ¿Es el chico que arruinó mis planes la última vez? Qué amable de tu parte traérmelo aquí. Es tan... —El animal emitió un desagradable gruñido— ... considerado. Y a tu hija. Qué detalle.

—Ripe, puedes hacer lo que quieras conmigo —dijo Eric—, pero no toques a los niños. Deja que se vayan.

—¿Dejar que se vayan? —preguntó Ripe, como si lo estuviera considerando—. ¿Tú qué dices, Pooky? —Rascó la cabeza del animal—. ¿Dejamos que los niños se vayan? —Pooky bufó con fuerza—. El problema —comenzó— es que tus niños no tienen adónde ir. O ninguna forma de ir a ningún sitio. Sé que estáis intentando llamar a vuestro querido compinche Cosmos para que os saque de aquí y me enternece mucho la fe que habéis puesto en él. Pero será mejor que ahorréis oxígeno porque Pooky emite una señal de bloqueo muy potente.

—¡Cómo! —exclamó Eric—. ¿Qué es Pooky?

—Mi pequeño Pooky. Es mi amigo. Dulce, ¿verdad? Dos veces más potente que Cosmos y mucho más pequeño. De hecho, podría decirse que Pooky es el nano-Cosmos. Lo he disfrazado de hámster. Después de todo, ¿a quién se le ocurriría buscar un potente superordenador en la jaula de un hámster?

—¡Cómo! —gritó Eric—. ¿Has construido una nueva versión de Cosmos?

—¿Qué crees que he estado haciendo todo este tiempo? —se burló Ripe—. ¿Acaso pensabas que me olvidaría de todo lo que sucedió? ¿Pensabas que lo perdonaría? —Ripe pronunció esta última palabra con un tono especialmente desagradable—. El perdón es solo para la gente afortunada, Eric. La gente como tú. La gente que consigue todo lo que siempre quiso. Para ti es fácil perdonar, con tu maravillosa carrera, tu encantadora familia, tu bonita casa y tu eficaz superordenador. Siempre has tenido la suerte de cara. Hasta ahora, claro está.

—Ripe, ¿por qué nos has traído hasta aquí? —preguntó Eric—. Fuiste tú quien dejó todas esas pistas, ¿verdad?

—Yo mismo —suspiró Ripe—. ¡Por fin lo has adivinado! Aunque has tardado un poco. Llevamos siglos mandándole mensajes a Cosmos. Comenzábamos a pensar que nunca morderías el anzuelo. Tanta lentitud no es propia de ti. Y sí, antes de que me lo preguntes, era yo quien jugaba con tu encantador robot, *Homer*. Pooky interfirió en sus transmisiones y logró desbaratar su programación. Pensé que te darías cuenta de lo que le pasaba. Pero no. Incluso entonces fuiste lento. Te has comportado como un auténtico aficionado, Eric. Esperaba más de ti.

—¡No fue Eric! —George dio un paso adelante muy enfadado—. ¡Fuimos nosotros! Nosotros dos encontramos las pistas y lo seguimos hasta aquí.

—Oh, el niño prodigio —dijo Ripe—. La versión en miniatura de Eric. Otro discípulo... qué agotador.

—Atrás, George —advirtió Eric—. Sigue intentando contactar con Cosmos. No creo que ese nano-ordenador sea tan potente como Ripe dice.

Ripe soltó una carcajada que sonó ronca y espantosa.

—Te crees muy listo, ¿verdad, Eric? Buscando señales de vida en el Universo. Pero no eres tan listo como yo. Por eso te he traído hasta aquí. Para poder demostrártelo al fin.

—¿Demostrarme qué? —gruñó Eric—. Hasta ahora no has demostrado nada, Ripe. Solo que, hace unos años, hicimos bien en alejarte de Cosmos.

—Eric el santo —se burló de nuevo Ripe—. Siempre intentando que el conocimiento científico beneficie a la humanidad. ¿Cómo has beneficiado a la humanidad, Eric? ¿Acaso tu querida raza humana no está destruyendo el hermoso planeta en el que vive? ¿Por qué no ayudar a la gente a conseguir su objetivo aún más rápido, es decir, a librarse de la Tierra y a acabar con todos los idiotas que viven en ella y comenzar otra vez de cero? En algún sitio como este. Un nuevo planeta. Para eso te atraje hasta aquí, Eric. He completado tu misión. He descubierto un lugar en el que puede comenzar la vida, un lugar en el que puede prosperar la vida inteligente, y donde, de hecho, es posible que ya existan formas de vida sencilla. —Ripe sostuvo en alto una ampolla transparente llena de líquido—. He encontrado esto. El elixir de la vida.

—¡No sabes si eso es agua! —le gritó Eric—. No sabes lo que es.

—Lo que sé es que, sea lo que sea, lo he encontrado antes que tú. Yo, no tú, Eric. He descubierto el nuevo planeta Tierra. Me pertenece y controlo quién accede a él. Y cuando por fin la Tierra haga ¡buuum! yo estaré al mando de toda la raza humana.

Los ojos del hámster cósmico resplandecían ahora como un horno encendido. Mientras Ripe hablaba, el animal escarbaba con impaciencia.

Eric negó con la cabeza.

—Ripe —dijo con tristeza—, eres un perdedor.

Ripe soltó un alarido.

—¡No soy un perdedor! —gritó enfadado—. ¡Voy ganando!

—No, te equivocas —dijo Eric—. ¿Qué te pasa? ¿No te gusta la humanidad? ¿Prefieres guardarte todo tu conocimiento científico para ti solo, no compartirlo con nadie, y tal vez cobrar a la gente un montón de dinero por utilizarlo? Eso te convierte en un auténtico perdedor. Te has apartado de todo lo que es bueno, útil, interesante o bello... de todo lo humano, en realidad. Por favor, fíjate en tu versión de Cosmos. Es asqueroso. Y creo que Pooky está mudando el pelo.

Pooky parecía indignado. Ripe se balanceaba hacia delante y hacia atrás sobre los talones de sus botas espaciales para contener la rabia.

Detrás de Eric, Annie comenzó una cuenta atrás con los dedos. En silencio, contó: cinco, cuatro, tres, dos, ¡UNO! Y cuando llegó a uno, los dos niños salieron corriendo hacia delante, con la cabeza agachada, y golpearon a Ripe en el estómago con sus cascos espaciales.

George le quitó a Pooky y salió disparado mientras Annie daba a Ripe una rápida patada en la barriga. Tras perder el equilibrio por aquel ataque repentino, Ripe cayó de espaldas y se quedó tumbado en el suelo, gimiendo, como un ciervo volante vuelto hacia arriba. La ampolla salió volando y chocó contra una roca, y el líquido que contenía se derramó. Eric corrió hasta él y dejó caer una de sus pesadas botas sobre el pecho de Ripe.

—Graham, no nos dedicamos a la ciencia para hacer estas cosas. Escogimos la ciencia porque es fascinante y apasionante, porque queríamos explorar el Universo y descubrir los secretos que contiene. Queríamos entender, saber, comprender, escribir un nuevo capítulo en la historia de la búsqueda del conocimiento por parte de la humanidad. Formamos parte de una gran tradición, utilizamos el trabajo de quienes llegaron antes que nosotros para avanzar cada vez más a través de este sorprendente Universo en el que vivimos. Y para entender por qué estamos aquí y cómo comenzó todo. Eso es lo que hacemos, Graham. Descubrimos cosas compartiendo conocimientos. No los guardamos. Explicamos, enseñamos, buscamos. Hacemos avanzar a la humanidad compartiendo los secretos que desvelamos. Pretendemos crear un mundo mejor, en cualquier planeta que habitemos, y no descubrir un nuevo mundo y quedárnoslo para nosotros.

Sin embargo, a Ripe todo aquello no parecía interesarle.

—Devolvedme a Pooky —gruñó—. Es mío. Ya me robaste a Cosmos una vez. No te lleves también a Pooky. No puedo vivir sin él.

—Pooky es tan solo una herramienta —dijo Eric—. Igual que Cosmos.

—¡No! ¡No es justo! —se quejó Ripe—. ¡Dices eso porque tienes a Cosmos! ¡Y ni siquiera lo necesitas! ¡Tú ya entiendes el Universo! ¡Yo no! Por eso quería a Cosmos, Eric. ¡Jamás sabrás lo que se siente! Tú siempre has sido un genio, no sabes lo que se siente al ser alguien normal y corriente. Como yo.
—Ripe comenzó a sollozar.

George luchaba por contener a Pooky.

—¡No sé apagarlo! —gritó a Annie.

—Tienes que acariciarle la cabeza. Como hacía Ripe. El panel de control debe de estar ahí.

—¡No puedo! —dijo George—. ¡Se me caerá...! ¡Intenta escapar! ¡Hazlo tú!

—¡Puaj! —exclamó Annie mientras daba un paso hacia él con cautela. Alargó un dedo y Pooky se lo mordió sin demora. Annie retiró la mano. La horrible criatura no le había agujereado el guante espacial, de modo que Annie seguía a salvo, resguardada en su traje. Avanzó de nuevo y en esa ocasión agitó una mano frente a Pooky y, mientras el animal miraba esa mano, con la otra le tocó la cabeza. Frotó con fuerza y...

Un segundo más tarde volvieron a oír la voz de Emmett.

—¡Annie! ¡George! ¡Eric! —gritó—. ¡No he podido comunicarme hasta ahora!

—Abre el portal, rápido —ordenó George—. Estamos listos para volver.

—Cosmos no tiene suficiente memoria —dijo Emmett con desesperación—. Necesita ayuda. Necesita otro ordenador al que conectarse para devolveros a casa.

—¡Otro ordenador! —exclamó George—. ¿De dónde vamos a sacar otro ordenador? ¡Estamos en una luna que orbita un planeta a cuarenta y un años luz de distancia! No he visto muchas tiendas por aquí.

Entonces, George, Annie y Eric tuvieron una idea al mismo tiempo.

¡Pooky!

Capítulo diecisiete

Ripe permanecía tumbado bajo la bota de Eric, que lo oprimía con fuerza contra la superficie rocosa.

—Graham —dijo Eric nervioso—, necesitamos tu ayuda. Tienes que hacer que Pooky se conecte a Cosmos para abrir el portal y regresar a casa.

—¿Ayudaros a regresar a casa? —gritó Ripe—. ¡Jamás! No os ayudaré. Tengo un tanque de oxígeno mucho más grande que el vuestro. Así que, cuando el vuestro se termine, os quitaré a Pooky y me marcharé, y vosotros os quedaréis atrapados en este lugar para siempre. Y cuando regrese aquí, dudo mucho que me causéis problemas.

Aunque sabía que le quedaba poco aire, Annie habló con gran valentía:

—¿Por qué odia tanto a todo el mundo? —preguntó—. ¿Por qué quiere destruirlo todo?

—¿Por qué odio a todo el mundo, jovencita? —repitió Ripe—. Porque todo el mundo me odia, por eso. Desde que me expulsaron de la Orden de la Ciencia en Beneficio de la Humanidad hace ya tantos años, no me ha salido nada bien.

Nada de nada. Solo ha habido oscuridad y desesperación. Y ahora, por fin, tengo yo la última palabra.

—No, se equivoca —dijo George. Pooky había dejado de moverse y estaba acurrucado entre sus manos, como a punto de dormirse. Sus ojos rojos ya no emitían aquel brillo amenazante. Ahora eran de un suave tono amarillo—. Está triste y amargado. Aunque nos deje aquí y regrese a casa, eso no lo hará más feliz. No le conseguirá más amigos ni lo hará más listo. Seguirá solo, con su estúpido hámster.

Pooky chilló indignado.

—Lo siento, Pooky... —George estaba encariñándose con el ordenador peludo—. Además —añadió—, ya sabía qué pasaría si rompía las normas de la orden. Lo dice en el juramento.

—Ah, sí —respondió Ripe con tono soñador—. El juramento. De eso hace ya tanto tiempo... Me había olvidado de esa solemne tontería. ¿Cómo decía...?

Annie comenzó a hablar pero George le pidió que se callara.

—No, Annie. No gastes oxígeno. Dice así. —George recitó el juramento que había hecho para unirse a la orden cuando conoció a Eric—: «Juro utilizar mis conocimientos científicos en bien de la humanidad.

»"Prometo que nunca haré daño a nadie en mi búsqueda de la sabiduría.

»"No desfalleceré y seré prudente en la búsqueda de mayores conocimientos sobre los misterios que nos rodean.

»"No utilizaré mis conocimientos científicos para mi propio provecho ni se los entregaré a aquellos que desean la destrucción del maravilloso planeta en que vivimos.

»"Si rompo este juramento, que la belleza y las maravillas del Universo me sean vedadas para siempre». Usted rompió el juramento, por eso todo le ha ido mal.

—Ah, ¿sí? —respondió Ripe—. ¿Y cómo rompí el juramento? ¿Te lo has preguntado alguna vez? ¿Por qué iba a hacerlo si sabía que tenía las de perder?

—No lo sé —susurró Annie.

—Entonces, ¿por qué no se lo preguntas a tu padre? —sugirió, poniéndose de rodillas.

Eric había apartado el pie de su pecho y le daba la espalda.

—¿Papá? —preguntó Annie—. ¿Papá?

—Fue hace mucho tiempo —murmuró Eric—. Éramos muy jóvenes.

—¿Qué pasó? —musitó Annie. Comenzaba a sentirse mareada.

—¿Por qué no se lo cuentas? —propuso Ripe, levantándose—. ¿Prefieres que lo haga yo? Nadie se marchará de aquí sin haber escuchado la historia.

—Graham y yo —comenzó Eric despacio— estudiábamos juntos. Nuestro tutor era el cosmólogo más brillante de todos los tiempos. Quería descubrir cómo comenzó el Universo. Con él, Graham y yo construimos el primer Cosmos. Aquel Cosmos era muy distinto al de hoy. En aquel momento era enorme, ocupaba todo el sótano de un edificio de la universidad.

—Continúa —ordenó Ripe— o nadie volverá a casa. Nunca.

—Quienes utilizábamos a Cosmos o trabajábamos con él formamos la primera rama de la Orden de la Ciencia. Nos dimos cuenta de la poderosa herramienta que teníamos entre manos, así que debíamos ir con mucho cuidado. Graham hizo el juramento y al principio trabajamos juntos. Pero entonces empezó a comportarse de un modo muy extraño...

—¡No es verdad! —protestó Ripe enfadado—. ¡Mientes! No me dejabas en paz. Me seguías a todas partes, siempre intentabas ver mis anotaciones para copiarlas y hacerlas pasar como tuyas. Querías publicar mi trabajo con tu nombre y hacerte con la gloria.

—No, Graham —respondió Eric—. No es así. Quería trabajar contigo, pero no me dejabas. Sabíamos que ocultabas tus descubrimientos a los demás y nos dimos cuenta de que tenías secretos. Nuestro tutor me pidió que te vigilara.

—¡Oh! —exclamó Ripe sorprendido—. No lo sabía.

—Por eso te seguí aquella noche. La noche que quisiste utilizar a Cosmos tú solo. Teníamos una norma, y era que nadie podía usarlo en solitario. Pero Graham lo hizo. Se coló en la universidad por la noche y fue cuando lo descubrí.

—¿Qué intentaba hacer? —preguntó George.

—Pretendía utilizar a Cosmos para observar el Big Bang. Era demasiado peligroso. No sabíamos qué efectos podría tener observar tal explosión, aunque fuera mediante Cosmos, desde el otro lado del portal. Habíamos hablado de ello, pero nuestro tutor nos dijo que no podíamos hacerlo; hasta que supiéramos un poco más sobre el Universo primitivo (y sobre Cosmos) no podíamos utilizarlo para investigar el Big Bang.

—¡Necios! —bramó Ripe—. ¡Erais una panda de necios! ¡Podríamos haber descubierto la piedra angular del conocimiento! ¡Podríamos haber visto lo que creó el Universo! Pero teníais demasiado miedo. Así que tuve que intentarlo en secreto. Era la única forma. Tenía que saber qué sucedió al principio de todo.

—El riesgo era demasiado grande —dijo Eric—. Recuerda, habíamos jurado no hacer daño a nadie en nuestra búsqueda de la sabiduría. Pero adiviné que lo que te proponías era presenciar los primeros segundos del mismísimo tiempo. Cuando te seguí aquella noche...

Capítulo dieciocho

La noche era fría y despejada en la antigua ciudad universitaria donde estudiaban Eric y Graham. El aire era helado y el viento se colaba por los abrigos más gruesos. Vivían en la misma residencia y sus ventanas daban a un patio en el que las losas eran tan antiguas que los pies que habían paseado sobre ellas a lo largo de los siglos las habían desgastado. Aquella noche el patio estaba en silencio, el perfecto y verde césped tenía un color añil oscuro por los relucientes rayos de luna que iluminaban el aterciopelado cielo nocturno. El reloj de la torre marcó las once en el momento en que Eric cruzaba la puerta principal, tan gruesa y reforzada que daba la impresión de pertenecer a un castillo en lugar de a un centro de enseñanza.

—Buenas noches, doctor Bellis —lo saludó un portero con bombín cuando Eric entró en el vestíbulo para recoger su correo. Mientras hojeaba los sobres que había en su buzón, se fijó en que el portero lo miraba. Alzó la vista y sonrió—. Hace tiempo que no cena con nosotros, doctor Bellis —comentó el portero. Los miembros de aquella venerable institución tenían derecho a utilizar el comedor con paneles de roble, rodeados de retratos de los profesores eruditos de siglos pasados.

—Estoy muy ocupado —respondió Eric.

Guardó el correo en su desgastado maletín y se ajustó la bufanda alrededor del cuello. En la residencia universitaria hacía muchísimo frío, tal vez más que en la calle, así que Eric rara vez se quitaba la bufanda en invierno. Las habitaciones también estaban tan heladas que Eric dormía con la chaqueta encima del pijama, dos pares de calcetines y un gorro de lana.

—Hace tiempo que no veo al doctor Ripe —comentó el portero, lanzándole una miradita.

Eric recordó que los porteros lo sabían todo, lo veían todo y lo oían todo. La razón por la que no había ido mucho por la universidad en los últimos tiempos era que intentaba vigilar a Ripe, quien hacía todo lo posible por darle esquinazo.

—¿Sabe si el doctor Ripe está aquí esta noche? —preguntó con naturalidad.

—Sí, está —respondió el portero con voz firme—. Y es extraño, pero diría que estaba muy interesado en que usted supiera que está aquí. ¿Ocurre algo, doctor Bellis?

Eric se quitó las gafas y se frotó los ojos. Estaba muy cansado. Tener que seguir a Ripe a todas horas además de hacer su trabajo lo dejaban exhausto.

—No hay de qué preocuparse —respondió con seguridad.

—No será nada que no haya visto antes, ya sabe —apuntó el portero—. Al principio hay amistad, pero después los amigos comienzan a competir. Nunca termina bien.

Eric suspiró.

—Gracias —dijo, y se dirigió al edificio principal. Subió lentamente por las escaleras de madera hacia su habitación y abrió la puerta. Encendió la estufa eléctrica de un solo tubo y se acercó a la ventana.

Al otro lado del patio, observó que Ripe aún no había apagado la luz. Eric se preguntó si podría dormir toda la noche o se despertaría a cada hora, preocupado por que Ripe hubiera salido de la residencia sin decírselo. Corrió las cortinas y se sentó en una butaca. En ese instante se fundió la bombilla y la habitación quedó sumida en la oscuridad. Eric se quedó allí sentado unos minutos, preguntándose si se atrevería a lavarse los dientes en su cuarto de baño a temperatura bajo cero. Se levantó y, por instinto, echó un vistazo por una rendija de la cortina, justo a tiempo de ver una silueta oscura que avanzaba por el patio y dejaba tras de sí una sombra alargada bajo la luz de la luna.

Sin apenas fuerzas, Eric se puso encima otra chaqueta de tweed y salió de la habitación para seguir con cautela a Graham Ripe en su huida nocturna.

No necesitaba seguirlo muy de cerca para saber adónde se dirigía, pero quería evitar que causara daños importantes. El manillar de la bicicleta de Eric estaba cubierto de escarcha, y avanzar por las calles heladas era una tarea lenta y peligrosa. Cuando llegó al edificio en el que se encontraba Cosmos, sus manos sin guantes estaban amoratadas y dormidas por el frío, tanto que apenas podía moverlas. Se echó aliento en los dedos, hurgó en sus bolsillos para sacar las llaves y entró en el edificio.

—¿Qué encontraste? —preguntó George, interrumpiendo la historia con sus ganas de saber qué había hecho Ripe.

—Me encontró a mí —respondió Ripe—, ¡a punto de hacer el mayor descubrimiento de la historia del conocimiento! ¡Lo echó todo a perder! Y después me culpó a mí de ello.

Las sospechas de Eric habían sido acertadas. Cuando bajó a toda prisa las escaleras que conducían al sótano donde estaba Cosmos, encontró a Ripe intentando utilizar el ordenador para observar el Big Bang. El portal ya estaba allí, pero la puerta seguía cerrada.

—Tuve que detenerlo —dijo Eric—. Las condiciones eran demasiado extremas en los comienzos del Universo; ¡hacía tanto calor que ni siquiera se formaba hidrógeno! Podría haber sido muy peligroso. No sabía con seguridad qué había al otro lado de la puerta, pero tenía que evitar que la abriera.

—Pero ¿no te apetecía verlo? —preguntó George, que se moría de curiosidad—. ¿No podrías haber echado una ojeada? Aunque fuera desde muy, muy lejos.

—No se puede observar el Big Bang de lejos —respondió Eric—, porque ocurre en todas partes. Lo que debería haber hecho es observarlo con un gran corrimiento al rojo.

—¡Corrimiento al rojo! —exclamó George—. ¿Como en tu fiesta?

—¡Exacto! Cuando la radiación emitida poco después del Big Bang viaja hasta nosotros en la Tierra, se vuelve mucho más roja y menos potente —explicó Eric.

—¡Eso es exactamente lo que intentaba hacer! —gritó Ripe—. Si te hubieras tomado la molestia de preguntármelo, en lugar de entrar de sopetón y tirarme al suelo, te lo habría explicado!

—¡Oh! —exclamó Eric.

De hecho, no le había dado oportunidad de explicar qué se proponía hacer. Había entrado a toda prisa en la sala donde estaba Cosmos y se había abalanzado sobre Ripe, que estaba de pie junto al portal. En la refriega que llegó a continuación, Eric soltó una mano y golpeó al azar el teclado de Cosmos con la esperanza de cerrar el portal. Sin embargo, Ripe consiguió liberarse de Eric y corrió hacia la puerta, que había abierto de un tirón, pero descubrió que los golpes a ciegas de Eric en el teclado de Cosmos le habían dado la orden de trasladar la situación del portal a un lugar muy distinto. Cuando Ripe abrió la puerta se encontró mirando de frente al Sol. Se llevó las manos a los ojos para protegérselos del resplandor, pero el calor le causó quemaduras terribles. Llorando y gritando, retrocedió mientras Eric conseguía que Cosmos cerrara la puerta.

Eric intentó ayudar a Ripe, pero su colega salió del edificio tambaleándose y se perdió en la oscuridad. Al parecer, aquella noche Ripe abandonó la ciudad universitaria y Eric sintió que no le quedaba otra opción que pedir a su tutor que lo apartara para siempre de la Orden de la Ciencia.

—Me arruinaste la vida —dijo Ripe con amargura—. Tú, Eric, me lo quitaste todo y me dejaste sin nada. Me daba vergüenza que me hubieras descubierto utilizando a Cosmos en secreto. Y aquella noche sentía tanto dolor que no sabía lo que hacía. Salí dando tumbos hasta la carretera y corrí, corrí con todas mis fuerzas. Debí de desmayarme, porque cuando desperté estaba en un hospital, medio ciego por culpa del Sol y con quemaduras terribles en las manos. Al principio ni siquiera recordaba quién era. Al cabo de un tiempo comenzaron a llegar los recuerdos. Pedí una y otra vez que me dejaran salir del hospital para volver a la universidad y disculparme por lo que había hecho. Pero, cuando llegué allí, descubrí que habías conseguido que me echaran, sin darme una oportunidad para explicarme. Te habías asegurado de que jamás volviera a la universidad.

—Intentaba protegerte —rugió Eric.

—¿De qué? —preguntó Ripe con furia.

—¡De ti mismo!

—Vaya, pues no funcionó, ¿no te parece? —dijo Annie, que estaba medio atontada—. Es decir, papá, tienes que admitir que aunque no debería haber utilizado a Cosmos sin decírselo a nadie, y a nosotros tampoco nos deja hacerlo, doctor Ripe, no se crea que es usted tan especial, le causaste un grave accidente y no le diste una segunda oportunidad para que terminara su carrera científica.

—¡Lo tenía merecido! —exclamó Eric—. Conocía las reglas.

—Bueno, más o menos —murmuró Annie—. Al final no llegó a ver el Big Bang, ¿verdad? Al fin y al cabo, solo intentaba observarlo de la manera que tú habías propuesto, ¡pero no te molestaste en descubrirlo! Y fuiste tú quien creó una situación de peligro al cambiar la localización del portal. Así que tú también tienes un poco de culpa en esto.

—¿Que yo tengo culpa? —preguntó Eric sorprendido.

—Pues sí —dijo Annie—. Al parecer, todo fue un terrible error, y si te hubieras disculpado en su momento ahora no estaríamos metidos en este lío.

—¿Que me disculpe? —preguntó Eric con incredulidad—. ¿Quieres que me disculpe con él?

—Sí —respondió Annie con la mayor firmeza de la que fue capaz—. Eso quiero. Y Ripe también, ¿no es así? Eso mejoraría las cosas. Y puede que entonces podamos volver a la Tierra.

Eric murmuró algo para sí.

—No se ha oído —dijo George.

—Está bien, está bien —respondió Eric enfadado—. Ripe... es decir, Graham, yo, yo...

—Dilo —ordenó Annie—. Y que suene bonito.

—Lo s-s-s-s —comenzó Eric entre dientes—. Lo s-s-s-s...
—Dio la impresión de que se había quedado atascado.

—Lo si-si-sien...

—¡Eric, date prisa! —susurró George—. Annie tiene que salir de aquí.

—Graham —dijo Eric con decisión—. Graham, lo siento. Siento lo que te sucedió, y en parte soy culpable de ello. Siento haberte expulsado sin darte la oportunidad de explicarte. Siento haberme precipitado.

—Ya veo —dijo Ripe. Parecía confundido—. Lo sientes —añadió, sin saber qué hacer a continuación.

—¡Sí, lo siento! —respondió Eric a toda velocidad—. Fuiste mi mejor amigo y mi mejor colega. Juntos, como científicos, podríamos haber sido magníficos. Podríamos haber hecho trabajos brillantes, si no hubieras insistido en quedártelo todo para ti. Y, ¿sabes qué, Graham?, no eres el único que sufrió aquella noche. Te he echado de menos; es decir, he echado de menos a la persona que eras antes de que empezaras a trabajar contra mí. Además, he tenido que vivir con la culpa de lo que sucedió aquella terrible noche. No eres el único que ha sufrido, así que deja de ser tan melodramático, sácanos de aquí y devuélvenos a casa mientras aún respiramos.

—Te perdí una vez como amigo —dijo Ripe con tristeza— y perdí mi vida como científico. El único sitio del que saqué fuerzas para seguir adelante fue el odio y el deseo de venganza. Pero ahora, si no eres mi enemigo, ya no me queda nada.

—Eso es una estupidez —dijo George—. Eric se ha disculpado y le ha dicho que lo siente. ¿No cree que debería decirle también algo?

—Muy bien —respondió Ripe en voz baja—. En ese caso, Eric Bellis, acepto tus disculpas —añadió, e hizo una breve reverencia.

—Ahora le toca a usted —susurró Annie.

—¿Cómo? —exclamó Ripe.

—Ahora le toca disculparse a usted. Así es como funciona. Mi padre le ha dicho que lo siente, ahora tiene que disculparse usted también.

—¿Disculparme por qué? —preguntó Ripe. Daba la impresión de que realmente no lo sabía.

—Oh, no lo sé... —terció George—. Por robarnos a Cosmos, por lanzar a Eric a un agujero negro, por hacernos viajar por el Universo porque nos dijo que iba a destruir el planeta Tierra si no lo hacíamos. No lo sé... elija lo que quiera y discúlpese.

Eric gruñó:

—Que sea rápido, Graham.

—No hace falta que sigas —respondió Ripe con premura—. Yo también lo siento. Me gustaría haber sido mejor persona. Ojalá no hubiera perdido todo ese tiempo. Ojalá pudiera volver a la ciencia, a la ciencia de verdad... —concluyó con tono esperanzado.

—Escucha, Graham —dijo Eric impaciente—. Quieres volver a la ciencia, bien. Quieres que crea que, después de todo, eres buena persona, bien. Pero ahora date prisa y saca de aquí a George y a mi hija antes de que se queden sin aire. Porque, si eso sucede, te aseguro que jamás te perdonaré y, dondequiera que estemos en el Universo, te encontraré.

—¿Lo dices en serio? —preguntó Ripe—. ¿De verdad puedo volver a la ciencia?

—Devuélvenos a la Tierra y hablaremos de ello.

—George —dijo Ripe—, tienes que acariciar de nuevo la cabeza de Pooky. Lo has dormido y lo tienes que despertar.

George acarició con cuidado la cabeza de Pooky y el hámster comenzó a moverse entre sus manos.

—Pooky —continuó Ripe—. Quiero que te conectes a un ordenador de la Tierra, el mismo ordenador que te ordené que bloquearas. Trabajarás con él para crear una puerta que nos haga regresar a todos.

El hámster se despertó del todo mientras George llamaba a Emmett.

—Emmett, abuela, preparad el portal. Tenemos otro ordenador. Necesitamos que Cosmos se conecte a este otro superordenador para crear un portal lo bastante potente para devolvernos a todos a la Tierra.

—¿Habéis encontrado otro ordenador? ¿Dónde? —preguntó Emmett sorprendido—. ¿Y qué diantre está pasando ahí fuera? ¡Soy vuestro controlador de tierra!

—Esa es la palabra clave, Emmett —dijo George—. Tierra. Es la última pista de nuestra búsqueda del tesoro. Nos devuelve al lugar del que salimos. Prepárate, regresamos a casa. Cambio y corto.

Pooky se sentó derecho y de sus ojos salieron dos rayos de luz que dibujaron una puerta, igual que lo hacía Cosmos. Mientras formaba el portal que los transportaría por el Universo, George hizo una última pregunta:

—Ripe... —comenzó mientras esperaban a que el hámster cósmico terminara el portal—. Al final de los mensajes decía que destruiría el planeta Tierra si no seguíamos las pistas. ¿Iba en serio? ¿De verdad podría destruir todo un planeta?

—¡No seas ridículo! —respondió Eric, que sostenía a Annie lo más cerca posible del portal para lanzarla a través de él en cuanto se abriera—. Graham no puede destruir la Tierra. Haría falta una explosión de potencia inimaginable. No era más que una vana amenaza. ¿Verdad, Graham?

Ripe jugueteó con sus guantes espaciales.

—¿Verdad? —insistió Eric.
—Lo más extraño —comenzó Ripe—, es que podría suceder, aunque no sería culpa mía. Es algo de lo que he oído hablar en mis viajes...

En ese instante, los ojos de Pooky brillaron con intensidad y abrió la puerta que los llevaría de vuelta a la Sala Blanca, a la agencia Espacial Global, a Estados Unidos y al planeta Tierra.

En aquella ocasión sus ojos no eran amarillos sino veteados, con tonos azules, verdes y alguna mota blanca. En sus ojos brillaba el reflejo del planeta más hermoso del Universo: un planeta en el que no hace excesivo frío ni excesivo calor, que tiene agua líquida en la superficie y donde la gravedad es la adecuada para los seres humanos, y la atmósfera es perfecta para que puedan respirar bien; donde hay montañas y desiertos, océanos, islas, bosques, árboles, pájaros, plantas, animales, insectos y gente... muchísima gente.

Donde hay vida.

Y donde parte de esa vida es, posiblemente, inteligente.

Epílogo

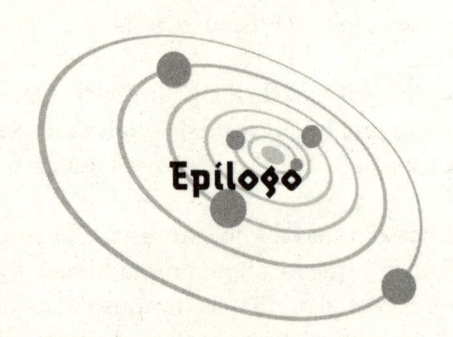

—¡Larga vida y prosperidad! —gritó Emmett, que hacía el saludo de Vulcano mientras se subía al coche de su padre para regresar a casa después de las vacaciones. Su padre —calcado a Emmett, solo que un poco más alto— sonrió y levantó una mano del volante para hacer también el saludo de Vulcano.

Annie y sus padres y George y su abuela se quedaron en el porche para decirle adiós con la mano.

—¡Hasta el próximo verano! —gritó George, devolviéndole el saludo.

—¡Emmett, eres guay! —dijo Annie, diciéndole adiós—. ¡No nos olvides!

—Estaréis a salvo en mi banco de memoria —respondió Emmett mientras se abrochaba el cinturón—. Para siempre. Ha sido genial. Os echaré de menos. —Emmett se sorbió la nariz—. Papá, he hecho amigos —dijo con tono lastimero—. ¡Y ahora estoy a punto de perderlos!

—¡De eso nada! —gritó Annie—. ¡Te daré la lata por correo electrónico todo el tiempo! ¡Igual que George!

—Tal vez tus amigos puedan venir a casa y quedarse con nosotros unos días, Emmett —dijo su padre—. Ya sabes que a mamá le encantaría recibir a tus amigos.

—¡Podría ir a Inglaterra! —exclamó Emmett con entusiasmo—. Annie podría apuntarse y visitaríamos a George y podríamos echar un vistazo a las carreras universitarias que tienen por allí. Hacen cosas muy chulas.

Eric se acercó a la ventanilla del coche.

—Buen trabajo, Emmett. Nos sacaste de un apuro.

—¿Qué apuro? —preguntó su padre—. ¿Qué habéis estado haciendo?

—Hemos jugado a un juego —respondió Emmett.

—¿Y has ganado? —preguntó su padre.

—Nadie ha ganado ni ha perdido —intentó explicar Emmett—. Tan solo hemos pasado al siguiente nivel.

Su padre arrancó el coche.

—Gracias, Eric. No sé qué le has hecho a mi hijo, pero parece que se ha obrado la magia.

—No es magia, papá —dijo Emmett de mala gana—. ¡Es ciencia! ¡Y amigos! Las dos cosas a la vez.

Mabel agitó su bastón y gritó:

—Nos vemos en la última frontera, Emmett.

El coche se alejó y los otros se volvieron para entrar de nuevo en la casa. En ese momento sonó el busca de Eric, que le daba noticias del Laboratorio Científico de Marte. Leyó el mensaje y esbozó una sonrisa gigantesca.

—¡Es *Homer*! —exclamó—. ¡Vuelve a funcionar correctamente! ¡Ha encontrado pruebas visuales de agua en Marte y creemos que no tardará en mandarnos pruebas químicas!

—¿Qué significa eso? —preguntó George.

—Significa —dijo Eric con tono firme—, que es hora de hacer otra fiesta.

—¿Invitarás a Ripe? —preguntó George—. Apuesto a que hace años que no va a una fiesta.

Cuando regresaron del sistema 55 Cancri gracias a Cosmos y al nano-ordenador especial de Ripe, Pooky, Eric y Ripe pasaron un buen rato hablando en la galería. George, Emmett y Annie habían intentado escuchar desde el árbol, pero no habían conseguido oír gran cosa de la conversación en voz baja de los dos antiguos colegas. Sin embargo, les había quedado claro que la charla había terminado bien. Ripe les había sonreído al despedirse.

Eric le había encontrado plaza en un instituto donde podría volver a estudiar. Eric les dijo que era un lugar bonito y tranquilo donde Ripe podría ponerse al día de todo lo que se había perdido y volver a formar parte de la ciencia de verdad.

La condición para ayudar a Ripe era que Pooky se quedara con Eric. Eric se encargaría de supervisar y poner a punto el sistema de Cosmos y de Pooky para tratar de conectar los dos superordenadores. En ese momento, Cosmos y Pooky eran un montón de piezas mientras Eric intentaba averiguar cómo hacerlo, por lo que, durante un tiempo, no habría ocasión de iniciar otra aventura cósmica.

Sin embargo, Eric no era el único que recibió noticias de vida en otro lugar. El teléfono de la casa sonó y Susan descolgó el auricular y se lo pasó a George. Eran sus padres, que llamaban desde el Pacífico Sur.

Los satélites habían encontrado al padre de George, se había iniciado una misión de rescate para ir a recogerlo y había regresado a salvo al barco donde se había reunido con la madre de George.

—¡George! —gritó Daisy entre interferencias—. Estamos todos bien, y os veremos, a ti y a la abuela muy pronto. De regreso pararemos en Florida. Además... —Hizo una pausa, como si considerara si debía continuar, y después añadió a toda prisa—: ... ¡tenemos una gran noticia para ti! Íbamos a esperar a verte para decírtelo, pero no puedo mantenerlo en secreto durante más tiempo. ¡Vas a tener un hermanito! ¿No es maravilloso? Ya no estarás solo. ¿Estás contento? —George estaba bien aturdido. Todo aquel tiempo buscando señales de vida en el Universo y ahora resultaba que habría una forma de vida nuevecita en su propio hogar—. ¡Nos vemos dentro de dos días! —gritó su madre.

—¡Guau! —exclamó George cuando soltó el auricular—. Mi madre va a tener un bebé.

—¡Oh! ¡Qué bonito! —dijo Annie sonriendo.

—Ya —respondió George, preguntándose cómo reaccionaría ella si su madre estuviera embarazada.

—¡No, es genial! —añadió Annie, que se había fijado en la expresión de George—. ¡Será nuestro nuevo compañero de aventuras!

—No, puedes estar segura de que no —respondió su padre con firmeza—. Nada de bebés en el espacio, Annie. Es una orden. De hecho, nada de niños en el espacio.

—Pero papá —se quejó Annie—, ¿qué vamos a hacer? ¡Nos aburriremos muchísimo!

—Volverás a la escuela, Annie Bellis, así que no tendrás tiempo de aburrirte.

—¡Grrr! —Annie hizo una mueca—. ¿Puedo ir a vivir con George?

—Bueno, tiene gracia que lo preguntes —dijo Eric—. Estaba pensando en llevarte de vuelta a Inglaterra. Ahora que

Homer vuelve a funcionar bien y que ha encontrado agua en Marte, tal vez sea el momento de participar en otro gran experimento que se está llevando a cabo en Europa... En Suiza. Podríamos regresar a nuestra casa de Inglaterra y yo podría hacer mi trabajo desde allí sin problemas.

—¡Sí! — Annie y George lo celebraron al unísono. No tendrían que volver a separarse.

Salieron todos juntos a la galería, preguntándose qué podían hacer ahora que no tenían retos por delante y Emmett ya se había marchado.

George cogió la *Guía útil para conocer el Universo*, que estaba sobre la mesa del jardín.

—Eric —dijo pensativo—, hay algo que quiero preguntarte pero hasta ahora no he tenido tiempo.

—Adelante —respondió Eric.

—Cuando estábamos... —George bajó la voz— ahí fuera, Ripe dijo algo. Dijo que tú entendías el Universo. ¿Es verdad?

—Bueno, pues sí, es verdad —respondió Eric con modestia—. Lo entiendo.

—Pero ¿cómo lo haces? —preguntó George—. ¿Cómo se consigue?

Eric sonrió.

—Busca en las últimas páginas del libro, George. Allí encontrarás la respuesta.

GUÍA ÚTIL PARA CONOCER EL UNIVERSO

CÓMO ENTENDER EL UNIVERSO

El Universo está regido por leyes científicas. Estas determinan cómo empieza y cómo se desarrolla a lo largo del tiempo. El objetivo de la ciencia es descubrir las leyes y averiguar qué significan. Es la búsqueda del tesoro más emocionante de todas, porque el tesoro es comprender el Universo y cuanto hay en él. Todavía no hemos descubierto todas las leyes, de modo que la búsqueda continúa, pero nos hacemos una buena idea sobre cuáles deben de ser en todas las condiciones salvo en las más extremas.

Las leyes más importantes son aquellas que describen las fuerzas.

Hasta el momento, hemos descubierto cuatro clases de fuerzas:

1) La fuerza electromagnética

Mantiene unidos los átomos y de ella dependen la luz, las ondas de radio y los aparatos electrónicos como los ordenadores y los televisores.

2) La fuerza débil

Es responsable de la radioactividad y tiene un papel crucial en proveer energía al Sol y en la formación de los elementos de las estrellas y del Universo primitivo.

3) La fuerza fuerte

Mantiene unido el núcleo central del átomo y proporciona energía a las armas nucleares y al Sol.

GUÍA ÚTIL PARA CONOCER EL UNIVERSO

4) La fuerza de la gravedad

Es la más débil de las cuatro fuerzas pero nos sujeta a la Tierra, mantiene a la Tierra y a los planetas en órbita alrededor del Sol, al Sol en órbita alrededor de la galaxia y así sucesivamente.

Tenemos leyes que describen cada una de estas fuerzas, pero los científicos creen que hay una sola clave del Universo, no cuatro. Pensamos que esta división en cuatro fuerzas es artificial y que seremos capaces de combinar las leyes que describen estas fuerzas en una sola teoría. De momento hemos conseguido combinar la fuerza electromagnética y la fuerza débil. Debería ser posible combinar estas dos con la fuerza fuerte, pero es mucho más difícil combinar las tres con la gravedad porque esta deforma el espacio-tiempo.

No obstante, tenemos una buena candidata para la teoría única de las cuatro fuerzas, la cual sería la clave para entender el Universo. Se llama Teoría-M. Aún no hemos averiguado qué es la Teoría-M, y por esa razón hay quienes dicen que esa M es de «misterio». Si lo hacemos, entenderemos el Universo desde el Big Bang hasta el futuro lejano.

Eric

ÍNDICE DE SECCIONES SOBRE HECHOS ESPECÍFICOS

Este libro contiene mucha ciencia, pero también encontrarás en él una serie de secciones que proporcionan hechos e información sobre temas específicos. Es posible que algunos lectores prefieran consultar estas páginas en particular.

Venus	páginas 18-19
La luz y cómo se desplaza por el espacio	páginas 24-25
La Ecuación de Drake	páginas 60-61
Robots en el espacio	páginas 62-65
Inventos espaciales	página 88
El código binario	página 95
Vuelo espacial tripulado	páginas 102-105
Cómo se propaga el sonido por el espacio	página 114
Titán	páginas 146-147
Satélites en el espacio	páginas 160-162
Alfa Centauri	página 182
55 Cancri	páginas 188-189

Agradecimientos

Deseamos expresar nuestros más sinceros agradecimientos a:

Jane y Jonathan, sin cuya amabilidad y apoyo este libro no existiría. William, por su dulzura y buen humor mientras su madre y su abuelo escribían un nuevo libro.

Garry Parsons, por unas ilustraciones que reproducen a la perfección el argumento, las aventuras y los personajes.

Geoff Marcy, por la asombrosa conferencia que dio en el Instituto de Astronomía de Cambridge y que nos sirvió de inspiración para el argumento de este libro.

Los distinguidos científicos que hicieron su obra accesible a un público joven mediante los artículos que conforman la *Guía útil para conocer el Universo*. Ellos son Bernard Carr, Seth Shostak, Brandon Carter, Martin Rees y Geoff Marcy. Su experiencia, conocimientos y entusiasmo han convertido este proyecto en un auténtico placer.

Stuart Rankin de la Universidad de Cambridge por escribir de forma tan brillante sobre el desplazamiento de la luz y del sonido.

Nuestros amigos de la NASA y todo el personal de los distintos departamentos que se tomaron el tiempo y la molestia de explicarnos las actividades de la NASA y su funcionamiento. En especial, queremos dar las gracias a Michael Griffin, Michael O'Brien, Michael Curie y Bob Jacobs.

Kimberly Lievense y Marc Rayman del Laboratorio de Propulsión a Chorro de California por su ayuda con las maravillas de los vuelos espaciales con robots.

Kip Thorne y Leonard Mlodinow de Caltech, por sus consejos y amistad.

Richard Garriott y Peter Diamandis de Space Adventures, por su energía y entusiasmo, y a Richard, ¡por incluirnos a nosotros y el primer libro de George en su aventura espacial en la vida real! Gracias a él, *La clave secreta del Universo* ya ha visitado la Estación Espacial Internacional.

Markus Poessel, por su atención a los detalles y por sus útiles comentarios.

George Becker y Daniel Stark del Instituto de Astronomía de Cambridge por sus inestimables comentarios.

Sam Blackburn y Tom Kendall, por responder con tanta paciencia a nuestro sinfín de preguntas extravagantes sobre ciencia, ingeniería e informática.

Tif Loehnis y toda la gente de Janklow y Nesbit, en el Reino Unido, por su amabilidad y esfuerzo con los libros de George. Y a Eric Simonoff de la oficina de Nueva York, por mandar a George a Estados Unidos una vez más.

Random House, nuestra maravillosa editora Sue Cook, por su formidable trabajo para dar forma a *En busca del tesoro cósmico* y convertirlo en un libro tan hermoso. Lauren Buckland, por su extraordinario trabajo con el texto y las imágenes; Sophie Nelson, por su concienzuda corrección; y James Fraser, por su maravillosa cubierta. Gracias también a Maeve Banham y a su equipo del departamento de derechos, por ayudarnos a que los libros de George tengan un público internacional. Y un agradecimiento especial para Annie Eaton, por su dedicación y cariño en este proyecto.

Keso Kendall, por ayudarnos a descubrir el habla de un superordenador adolescente.

A todo el «equipo» —de casa y de la Universidad— por su paciencia y generosidad con este nuevo «libro de George».

Finalmente, y de manera muy especial, querríamos dar las gracias a nuestros jóvenes lectores: Melissa Ball, Poppy y Oscar Wallington, Anthony Redford y Joanna Fox, por su atenta ayuda y sus comentarios tan útiles sobre *En busca del tesoro cósmico*. Gracias también a todos los niños que nos hicieron preguntas, escribieron, mandaron correos electrónicos o vinieron a nuestras charlas y tuvieron el valor de levantarse y hacer preguntas al final. Esperamos que este libro os proporcione algunas respuestas. Y esperamos que nunca dejéis de preguntar «¿por qué?»

Lucy y Stephen Hawking

El tesoro cósmico de Lucy & Stephen Hawking
se terminó de imprimir en marzo del 2018
en los talleres de Impresos Santiago, S.A. de C.V.
ubicados en Trigo No. 80-B, Col. Granjas Esmeralda,
Del. Iztapalapa C.P. 09810, Ciudad de México.